教师成长必读系列

U0866640

ROBERT J.COPLAN
KATHLEEN MORITZ RUDASILL

Quiet at School

An Educator's Guide to Shy Children

学校里的害羞孩子

——给教育者的指南

[加] 罗伯特·J. 科普兰　[美] 凯瑟琳·莫里茨·鲁迪西尔/著
傅锐　李丹/译

上海教育出版社
SHANGHAI EDUCATIONAL
PUBLISHING HOUSE

序　言

Foreword

作为教师的你，想象一下一个害羞的孩子走进你班级的第一天。如果你能从这个孩子的角度来感受这个第一天，你就能体会到这个孩子在一个全新的班级环境中面对陌生的同学和教师时，眼中流露出的深深的不安。当其他孩子都集中注意力听你讲话时，这个害羞的孩子早已转移了注意力，担心自己会被点名在全班同学面前发言。然而，在几周内，你可能就会发现，这个孩子在班上结交了一位新朋友，对你的要求答应得不再那么犹疑，偶尔也会在课堂上主动举手回答问题。

在另一个班里，同样有一名害羞的孩子在开学后的几周表现出不安和焦虑。例如，他会频频抱怨说自己腹痛或头痛，在操场上也很难和别的同学玩到一起，相比前面那名儿童，他更害怕参与全班讨论。这两名儿童都表现出"害羞"这一气质。尽管他们在开学初都表现出焦虑不安，但几周后，他们对新班级的适应和融入程度却大不相同。那么，是什么导致了他们行为上的不同变化呢？很有可能是你对待他们的方式和策略。也许，你应用的某些策略正是从本书中获得的！

许多研究结果显示，教师常常低估害羞儿童的学习技能。这些儿童在面对教师提问时，尽管有时知道答案，但仍然迟疑着不回答。这种对自己的质疑，往往是由他们的自我意识导致的。他们因此消耗了一些精力，使得自己在学习上难以集中注意力，或者难以与同学和教师积极互动。然而，害羞儿童自身具有的敏感性是一种优势。他们通常善于区分环境中的细微差别，善于理解教师和同学的情绪表达。本书并不是想指导你如何将这些害羞的孩子改变成外向的和善于交际的孩子，而是想告诉你如何帮助他们利用自身的优势，更好地应对他们天生表现出的沉默寡言。

笔者是“洞察儿童的气质”（“INSIGHTS into Children's Temperament”）这一基于实证的干预项目的创始人，在工作中有很多机会接触害羞儿童和面临着如何满足害羞儿童发展需求等挑战的教师。书中描述的教育实践并不是什么独特的诀窍或法宝，而是基于气质的理论和研究，以及笔者多年与儿童互动中的所感所知。

《学校里的害羞孩子：给教育者的指南》是一本难得的好书，它源于作为教育工作者的你已经熟知的信息，但又高于它们。例如，你班上的每一个孩子都有独特的品质，这些特质在很大程度上影响着他们的情绪、行为和学业的发展。本书开篇介绍了一些非常有趣的实证研究，它们解释了为什么在你的班级里，一些孩子比其他人表现得更害羞。同时，作者也呈现了有关害羞儿童独特而又令人欣喜的一些科学事实。在这之后，是丰富的实践指导，将教授你如何支持和帮助害羞儿童循序渐进地走向成功。这些广受推荐的应用实践会对你有所助益，可以帮助你避免在积极回应和过度保护之间游移不定。要知道，过度保护的行为只会让这些孩子更加焦虑和不安。

罗伯特·J.科普兰(Robert J. Coplan)博士和凯瑟琳·莫里茨·鲁迪西尔(Kathleen Moritz Rudasill)博士是气质研究领域的领军者。20多年来,他们的学术研究影响了众多心理学从业者和研究人员。现在,你我也将从本书丰富的循证实践中获益。事实上,获益最多的将是你班级里的那些害羞孩子。

桑迪·麦克洛里(Sandee McClowry)
博士,注册护士,美国护理学会理事
美国纽约大学心理咨询与教育学专业教授
“洞察儿童的气质”项目创始人

目 录

Contents

前　言

Preface

与陌生人初次见面时，很多儿童通常都会感到些许紧张不安，从而变得小心翼翼；当他们被动地成为关注的焦点时，他们会感到不自然或尴尬。事实上，超过80%的成年人报告说自己目前或曾经害羞过！但是对极度害羞的儿童而言，学校的日常任务（例如，在全班同学面前发言，参与某个小组的课题研究，或在课间与别的同学一起玩耍）都可能诱发他们明显的压力感和焦虑感。

然而，长期以来，害羞儿童在学校环境中都是被忽视的，尤其是相较那些欺侮他人或行事粗心大意的儿童而言。其中的原因不难理解。简单地说就是，会哭的孩子有奶吃！上窜下跳、攻击他人或扰乱课堂秩序的儿童通常会得到教师即时和经常的关注。相比之下，害羞和安静的儿童更可能不为我们注意。的确，在过去，心理学家曾建议教师们鼓励儿童的害羞表现，因为这样有助于他们维持课堂秩序。

在过去的25年中，有关童年期害羞行为发展和启示的研究显著增多。然而，许多教师和学校工作人员仍然没能很好地理解害羞儿童及其行为本身。这些孩子平时安静少言，所以教师们在课堂上通常很少注意到他们，即使注意到，也可能常常错误地将他们的寡言少语归结为智力低下、学习困难或者缺乏学习动机。

本书旨在帮助从事中小学教育的教师和相关人员更好地关注儿童的害羞表现，并整合出帮助害羞儿童发展的最佳综合方案。虽然我们关注的主要是幼儿园至初二年级的孩子，但是幼儿园之前以及初二以上孩子的教师、养育者也能从本书中获得有益信息。以下是有关本书框架的简单介绍。

第一章探讨“什么是害羞”这一基本问题。我们将会介绍害羞这一概念，综述学术界是如何一步步地认识这一现象的；还将具体讨论如何界定害羞的主要元素，以及区分与害羞相关但不相同的概念。在第二章和第三章中，我们将关注害羞是如何发展的。第二章从先天因素入手，探讨害羞的生理和遗传基础及其发展过程。第三章主要围绕影响害羞的后天因素展开，分析父母的教养方式和其他社会化实践中对害羞儿童可能特别有利或有害的行为。

第四章论述害羞对儿童的潜在影响。具体聚焦于害羞是如何影响儿童的社会性发展、情绪发展和学业发展的，尤其强调它带来的利与弊。第五章主要描述害羞儿童在班级中的体验。主要探讨两个问题：一是为什么班级情境特别容易令害羞儿童感到焦虑；二是害羞是如何影响儿童的学业发展的。第六章特别关注害羞儿童与教师。具体的话题包括教师通常是如何面对害羞儿童的，以及教师和害羞儿童可能形成的各种师生关系等。

第七章和第八章主要介绍教师帮助害羞儿童应对学校中的各种挑战的最佳实践方案。在第七章，我们回顾了教育者在与害羞儿童互动中可以运用的一些基本的心理学原理（例如渐进式接触、认知行为疗法、放松技巧）。随后的第八章描述了更为具体的策略，旨在指导教师帮助害羞儿童克服各种挑战（例如，促进幼小衔接，提升害羞儿童参与课堂活动的主动性，优化考试环境）。最后，在第九章中，我们先回顾了前面几章的内容要点，然后展望未来，关注快速的社会变迁（例如，科技的日新月异以及文化多样性的日益增长）对害羞儿童的未来发展和学校适应可能带来的影响。

所有这些信息，都源自或综合了教育界和发展心理学界的最新研究结果。总之，本书囊括了关于学校里的害羞孩子的点点滴滴。这些，是教师们需要知道的！

第一章
什么是害羞?

个案研究1-1　学前班

当入园第一天的上课铃声响起时,丹尼尔(Daniel)哭了起来,并紧紧地依偎着妈妈。当其他孩子已经进入教室开始常规课程时,丹尼尔仍迟迟不愿离开妈妈。

个案研究1-2　二年级

艾娃(Ava)不愿在全班同学面前发言。当教师点名让她发言时,她会避开教师的视线,轻声作答或者默不作声。

个案研究1-3　四年级

课间休息时,一大群四年级的孩子在操场上喧闹嬉戏,踢着足球。在操场的一旁,诺厄(Noah)一个人蜷缩着肩膀,安静地看着同伴们踢球,却不打算加入大家一起踢球。

个案研究1-4　七年级

艾玛(Emma)羞红着脸,在全班同学面前汇报自己的读书感想。尽管她的眼睛一直盯着自己的稿子,但她在中途有好几次因为紧张而忘词。最后,她没完成报告就回到了自己的座位上。

大多数教师都不难描述班上的害羞孩子以及他们的行为表现。即便是年幼的儿童，也会详细举例描述班上同学的害羞表现，例如，“不说话”“脸变得通红”以及“独自玩耍”。许多人在定义害羞行为时，可能都会用到这些例子——“我一看到这一表情（行为），就知道这是害羞。”如果用电影《阿甘正传》（*Forrest Gump*）中的一句流行语来形容害羞，那就是：表现出害羞的人就是害羞的（你的行为定义了你是怎样一个人）。但是，要明确定义害羞并非易事，这一难题也是发展心理学家面临的一个挑战！

因为人们对害羞的理解各有不同，所以它一直以来都被认为是一个模糊的概念。害羞很难被清晰定义的原因之一是，它包含的情绪和行为并不是害羞者的特有表现。例如，害羞儿童在社交场合会表现出退缩，经常回避与他人的交往，或者在有同伴在场时选择独处。但是，儿童也会因为很多害羞以外的原因而选择一个人玩耍（例如，一些孩子就是偏爱独自玩耍）。

害羞难以定义的另一个原因是它同时涵盖了状态和特质。状态指的是人在某个特定时间或场合的情绪体验。状态以情境为基础，短暂而又易变。例如，当被要求在班集体面前做演讲时，大多数儿童（包括成人）都会报告说感到一定程度的害羞。同样，大多数青少年（包括成人）在第一次约会时，都会有类似的害羞感觉。这两个例子能帮助我们理解为什么许多人认为自己是害羞的或者曾经感到害羞。许多人会在某些时刻、某些场合或多或少感到害羞。然而，这些情绪体验只在特定情境下才会发生，并不会持续很久，或者延续到其他情境中。

不同的是，特质指的是人格的持久性。特质具有跨时间、跨情境的稳定性和持续性，对人们的情绪、想法、动机和行为有深远的影响。

更为复杂的是，每一种特质在数量、水平和程度上都存在个体差异。换句话说，特质并没有一个具体的分界点，它不是以存在或不存在的形式体现的。例如，我们不能将儿童划分成害羞的和不害羞的。相反，所有的儿童在害羞和其他特质上都或多或少地表现出不同。

与他人相比，大多数个体在某个特质上都是平均水平。假设我们观察学校操场上的 100 个儿童，并且给每个儿童的害羞程度打分——从 1 分“一点都不害羞”到 10 分“极度害羞”。大多数儿童(可能多于一半)的得分会在 1—10 分中的中间段，例如 4 分、5 分或 6 分。他们中的一小部分(大约 15%)的得分会在这个评分表的最底端(1 分或 2 分)，我们会认为他们是外向的、开朗的、爱好社交的。但是，确定甄别出这些儿童的分界点是非常随机的(得 3 分的儿童是外向的吗?)。另外一小部分儿童(也占大约 15%)的得分会在这个评分表的最高端(9 分或 10 分)，我们会认为这些儿童是极度害羞的。但究竟得分多少算极度害羞，是不确定的。

害羞的定义

害羞之所以难以定义，还因为在发展心理学家对它感兴趣之前，它已经存在于人们的日常语言中。“shy”(害羞的)一词可以追溯到中古英语的“schey”，而“schey”一词来源于古英语的“sceoh”。再往前追溯，我们甚至可以追及“shy”的德语源于古高地德语词“sciuhen”以及原始日耳曼语词“skeukh(w)az”。

根据《牛津英语辞典》(*Oxford English Dictionary*)，“shy”(害羞的)的最早使用记载在大约公元 1000 年的一首盎格鲁-撒克森诗中，其定义包含“容易感到害怕”(见 Simpson & Weiner,

1989, p.401)。17 世纪,“shy”(害羞的)被普遍定义为“畏缩的”[《在线语源辞典》(*Online Etymology Dictionary*)]。1795 年,塞缪尔·约翰逊(Samuel Johnson)的《英语语言辞典》(*English Dictionary of Language*)简明且描述性地将“shy”(害羞的)定义为“矜持的、谨慎的、多疑的”(见 p.198)。

如今,“害羞”(shyness)已成为我们描述各个年龄段儿童乃至成人的日常用语之一。导致害羞定义模糊的一个原因是,有很多相关的术语被用作“害羞”的同义词或用来描述相关特征。在专栏 1-1 中,我们可以看到部分这样的术语。仔细看一下这些术语,你会发现它们与“害羞”的许多不同方面相关。例如,一些术语更多地关注与害羞相关的情绪(例如,尴尬的、害怕的),而其他术语聚焦行为方面(例如,安静的、社交退缩的)。一些术语蕴含积极的意义(例如,谦虚的、腼腆的),还有一些则相对消极(例如,孤独的、独处的)。在之后的章节中,我们会谈到由于涉及不同于害羞的现象(例如,内向、社交焦虑),专栏 1-1 中的一些术语不应当与害羞通用。

专栏 1-1　日常用语中“害羞”的同义词

羞愧的	谦虚的	矜持的	社交焦虑的
怕羞的	抑制的	沉默的	社交退缩的
谨慎的	内向的	孤僻的	独处的
腼腆的	孤独的	不自在的	沉默寡言的
端庄文静的	温顺的	自谦的	胆小的
羞怯的	谦逊的	敏感的	社交淡漠的
尴尬的	胆小温顺的	窘迫的	不受关注的
害怕的	安静的	易受惊的	警惕的

害羞研究简史

有关害羞的科学研究有着丰富的历史。事实上，许多有助于心理学家定义和理解害羞的核心观念可以追溯到很久以前。例如，大约 2 000 年前，古希腊医学家希波克拉底（Hippocrates）和盖伦（Galen）认为，人一出生就有性格上的差异。这些差异在很大程度上促成了我们的情绪（包括害怕）和社会行为模式（包括社交倾向）（详见 Kagan，1994）。在 19 世纪，查尔斯·达尔文（Charles Darwin）描述了动物和人类表现出的害羞特征（他对脸红这一表现尤其感兴趣）。达尔文（Darwin，1872，p.330）也注意到社会环境对害羞个体行为的影响："当自己熟悉的人在场时，非常害羞的人往往不那么害羞了。"

1896 年，内科医生哈里·坎贝尔（Harry Campbell）在《英国医学杂志》（*British Medical Journal*）上发表了心理学领域对害羞的最早描述。在《病态的害羞》（"Morbid Shyness"）一文中，坎贝尔描述了害羞的许多方面。这些方面后来都发展成了心理学研究的核心元素。例如，他论述了害羞在童年期的起源和发展趋势（"在儿童早期，轻微程度的害羞是完全正常的""害羞在青春期表现得尤为显著"，p.806），诱发害羞的情境（"面对陌生人时的害羞""面对别人夸奖时的害羞""意识到自己被别人关注时的害羞"，p.806）以及害羞的一般表现（"脸红""心率紊乱""出汗，尤其是手""沉默""无法直视对方"，pp.806－807）。

大约 30 年后，汉普顿（F. A. Hampton）在 1927 年的《神经和心理病理学》（*Journal of Neurology and Psychopathology*）杂志上发表了一篇文章。他认为，害羞个体普遍承受着"介于从假想自卑上升至正常的驱动和害怕失败的威慑之间产生的冲突”。我们之后会讨论害羞儿童普遍体验到的趋向社交情境和回避社交情境这两种动机的冲突。这种冲突是当代界定害羞的核心元素。

关于学校里的害羞儿童的最早研究是在 20 世纪 20 年代初进行的。1921 年，理查兹(E. L. Richards)报告了包含 18 个所谓“落后的”和“困难的”一年级儿童的研究结果。这些儿童被编排在一个“有着特殊教师的特殊班级中”，并且接受了“适当的治疗和训练”。理查兹注意到，这些儿童的社交能力和智能在一年之后有了“显著提高”。他在解释这些结果时，认为儿童的害羞会在一定程度上“掩盖他们的自然潜能”，以至于影响他们的学习表现(详见文章“摘要”，Richards，1921，p.707)。1923 年，迪利(C. E. Dealey)详细报告了 38 名学前班、一年级和二年级“问题儿童”的个案历史(p.125)。这些儿童中，大约有一半被描述为“极度敏感或胆怯”(Dealey，1923，p.135)。

因此，早在 20 世纪 20 年代初，已经有研究者注意到，害羞可能对学校情境中的儿童造成困扰。然而，正如前文所述，当时的研究者更多地关注在课堂上捣乱的儿童。这一论点也体现在威克曼(E. K. Wickman)的著作《儿童的行为与教师的态度》(*Children's Behavior and Teachers' Attitudes*)中有关教师信念的描述中(Wickman，1928)。威克曼分析研究了教师对儿童一系列不良行为的态度、信念和反应。他的结论是，教师们最担心的是儿童对他人财务、性和真相的冒犯。

1938 年，研究者珀尔・洛温斯坦(Pearl Lowenstein)和玛格丽特・斯文森(Margaret Svendsen)报告了首批旨在帮助害羞儿童的干预项目之一的研究结果。在题为《被选害羞和退缩儿童组行为的实验矫正》("Experimental Modification of the Behavior of a Selected Group of Shy and Withdrawn Children")的研究中,有13个6—8岁男孩最初被鉴定为害羞的或退缩的。之后,这些人被送去一个小农场营地。他们在成人的监护下留在营地8周左右,一起玩耍和生活。由于没有其他孩子在场,这些害羞和退缩的孩子只能互为玩伴。研究者发现,在此次游戏治疗结束之后,这13个孩子中,有10个孩子的行为在后续的发展评估中表现出明显的改善。洛温斯坦和斯文森(Lowenstein & Svendsen, 1938, p.652)因此认为:"害羞儿童的行为是可以通过外界干预而改善的。"

这些早期的理论和实证研究很有见地。事实上,这些研究在很多方面为我们研究当代儿童害羞心理的核心观念奠定了基础。可惜的是,这些早期研究为数极少。在20世纪,在心理学研究对象中,害羞儿童几乎是被忽略的。其原因在于:第一,当时占主导地位的西格蒙德·弗洛伊德(Sigmund Freud)的精神分析理论认为,幼童只有当他们的"超我"(指导"正确行为"的精神元素)开始发展时,才会真正体验到抑郁和焦虑(Freud, 1964)。第二,像让·皮亚杰(Jean Piaget)这样有影响力的儿童心理学家更多地关注儿童的思维和认知,而不是社会行为。一个明显的例子是,皮亚杰(Piaget, 1959, p.40)在1959年甚至写道:"正如我们所说的,在儿童7岁或8岁之前,他们根本没有什么真正的社交。"但事实上,许多幼儿教师都深有体会,儿童在学前班里的社交活动是极其活跃和丰富的!第三,临床心理学家一直低估了用儿童早期害羞预测后期发展困难的重要性。例如,早在1954年,唐·莫里斯(Don Morris)和其他研究者就跟踪评估了一组45名成人,这些成人在其儿童早期均被诊断为害羞的或社交退缩的。莫里斯的研究报告这样评述这些成人:“整体上与他人相处不错”,“他们中的大多数人与其他人在很多方面并无不同”,我们很有可能“对这些人格特征过虑了”(Morris, 1954, p.753)。

李·罗宾斯(Lee Robins)和劳伦斯·科尔伯格(Lawrence Kohlberg)在进行后续的相关文献综述时发现,害羞及其相关特征并不是稳定不变的,而且也不能很准确地预测害羞儿童在青少年期和成人期的社交困难(Robins, 1966; Kohlberg, LaCrosse, & Ricks, 1972)。这些研究的具体细节会为以上结论提供许多回顾性的见地,尤其是那些与童年期害羞基本不相关的发展结果,包括表现出精神分裂和青少年期犯罪。可我们并不认为害羞儿童在成年后会在这些方面出现问题!

受这些早期发现的启发,研究者在 20 世纪后半叶对童年期害羞的发展及其启示产生了浓厚的兴趣。在接下来的章节,我们将论述当代心理学中关于害羞的理论建构、定义和核心元素。

当代发展心理学家眼中的害羞

正如前文所述,害羞是一种一目了然的但相对难以正式界定的概念。我们之前已经提及,这一结论对发展心理学家而言存在一定程度的真实性(Coplan, Ooi, & Nocita, 2015; Coplan & Rubin, 2010)。与此同时,发展心理学家使用一些与害羞相关的,但是有细微且重要差异的术语,这使得对害羞的界定变得更为复杂。一些与害羞有重叠的术语和标签,包括行为抑制(behavioral inhibition)、焦虑性独处(anxious solitude)、社会性沉默(social reticence)等，容易与害羞产生混淆。更糟糕的是，在日常生活中，人们大多将这些术语与害羞通用。最后，让事情变得更为复杂的是，还有很多心理学术语被作为害羞的同义词而互换使用，例如内向、社交焦虑，这些术语与害羞有很大不同(后面的章节会继续讨论)。也许出于以上种种原因，发展心理学家在对害羞的界定上一直莫衷一是。

同时，害羞也很难测量，尤其是儿童表现出来的害羞。这是因为，这些表现常常是内化状态，例如，情绪体验、想法和动机。也许正因为如此，发展心理学家运用了很多不同的方法来测量害羞。对年长儿童和青少年而言，主要的测量方法是自我报告。儿童本人会回答一系列有关害羞表现及对害羞的所思、所感的问题(例如，每个问题都是 5 级记分)，这些问题涉及这些害羞体验的发生频率和强烈程度。另一个普遍使用的方法是让儿童评价自己的同伴。例如，我们可以让班级里的每个儿童提名 3 个行为表现最害羞、最常脸红和最少发言的同学。之后，我们将计算每个儿童在每个项目上得到的班级里其他人的提名数，并最终形成一个总得分。

虽然可以借助视觉线索、木偶以及其他适合的工具来测量害羞，但年幼儿童对自己内部状态的描述并没有年长儿童的可信。面对这些儿童时，心理学家更多地通过较为了解儿童的成人的叙述，例如，用父母或教师对儿童害羞行为的评价来测量害羞。同样，研究者也会通过在实验室里的游戏室、教室或操场上对不同年龄阶段的儿童进行直接观察来测量害羞。

值得注意的是，尽管心理学家通过不同的渠道，以不同的方法来测量儿童的害羞，但这些信息之间的一致性只是中度的。例如，被教师评价为非常害羞的儿童，在父母眼里可能是外向的。这一现象可能部分是由测量误差导致的(在一定程度上,这类测量工具总是不完美的)。然而,正如接下来的章节要讨论的,因为父母和教师各自对儿童在不同(并无交集的)情境中的行为知情,这也造成他们在判断儿童是否害羞上存在争议。

因此,我们完全可以说,发展心理学家在害羞的定义和测量上没有达成一致。如果我们退一步,从更广义的层面上看,大多数有关童年期害羞的定义和概念建构有许多共同的核心原理。专栏1-2列出了童年期害羞的基本心理元素,让我们逐一仔细看一看。

专栏1-2　童年期害羞的基本心理元素

- 害羞是一种气质特征。
- 在面对陌生人或进入陌生情境时,害羞儿童在行为上是内敛的、警惕的和害怕的。
- 当意识到他人正在评价自己时,害羞儿童容易觉得局促不安和尴尬。
- 害羞的特征是,儿童有趋向社交和回避社交的动机冲突。

气质特征

气质是一种具有生理基础的特征,它通常在儿童早期出现,而且随时间推移而相对稳定。你可以将气质想象成奠定儿童人格发展的核心基石。在第二章,我们会深入讨论儿童的气质。但我们首先要知道,不同气质的儿童对不同环境,尤其是有挑战性和压力的情境会有不同的行为反应。以害羞为例,这些诱发压力的情境几乎总有人牵涉其中!

气质研究的聚焦点之一是儿童的情绪反应(例如,易激惹或兴奋的程度)和调节(例如,在被激惹或兴奋后恢复平静的容易程度)。对害羞而言,研究者感兴趣的两种主要情绪是害怕和焦虑。虽然这两个术语经常被交替使用,却意指不同的情绪体验过程。害怕出现在实体刺激(某个已经发生或正在发生的刺激)被呈现之后。例如,当你露营时,一头熊向你的帐篷走来,你一定会感到害怕!而个体期待某件在未来可能发生、也可能不发生的事情时,通常会产生焦虑。例如,因为想起自己下一周将去露营并担心会遇到熊,你可能会很难入眠。反复琢磨、分析和回味一件已经发生的事情,同样会引发焦虑。

害羞儿童易于感到害怕和焦虑,尤其是在社会情境中。例如,害羞儿童可能在入学前一晚感到焦虑,在与新同学第一次见面时感到害怕,然后由于回想当天的紧张压力和预期第二天将会发生什么而感到焦虑。

害怕陌生人和陌生情境

两项早期具有影响力的气质研究都强调了害羞儿童面对的一个独特挑战,即新奇的(不熟悉的)环境。在 20 世纪 60 年代和 70 年代的经典研究中,亚历山大·托马斯(Alexander Thomas)和斯特拉·切斯(Stella Chess)试图描述婴儿对环境中挑战的反应有哪些基本维度(Thomas & Chess, 1977)。基于对婴幼儿行为反应的大量观察,托马斯和切斯界定了气质的几个在早期就出现的基本维度(其中包括如趋向/退缩和主动/被动这两个维度的特质),将这些特质进行不同的搭配,综合形成三个广义的气质类型:容易型、困难型和迟缓型。

我们最感兴趣的是被贴上“迟缓型”标签的年幼儿童，他们占了总数的15%。这些儿童通常表现出消极反应，而且在面对陌生情境时倾向于退缩。但是随着时间的推移以及重复接触新情境，迟缓型儿童慢慢适应并逐渐表现出积极反应。这一研究的主要贡献在于发现儿童对不同环境表现出独特的行为反应模式。就害羞而言，行为模式就是在适应新环境时的慢热和迟缓特征。

在20世纪80年代初，杰尔姆·卡根(Jerome Kagan)及其合作者对一种气质特征开展的大量研究引发了学术界对害羞的持续关注(Kagan, Reznick, Clarke, Snidman, & Garcia Coll, 1984; Kagan, Reznick, & Snidman, 1987, 1988)。卡根将这种气质特征命名为“行为抑制”。他观察了年幼儿童对一系列陌生事件的反应，其中包括遇到一个陌生成年人，接触一套新玩具，接触一个看上去怪异的大机器人玩具，以及与母亲分离。卡根发现，大约15%的实验儿童的行为特征被判断为极度抑制，他们对新奇刺激表现出持续的警惕、犹疑和矜持。在接触新刺激时，抑制型儿童的典型行为包括哭，紧紧地抱着母亲，与他人交流滞后，行为退缩。卡根最有影响力的发现是，行为抑制是人一生中最稳定的气质特征之一。同时，卡根也强调行为抑制的生理基础，认为在面对紧张压力的情境下，抑制型儿童的中枢神经系统表现出独特的反应模式(详见第二章)。

感知到社会评价时的不自在感

同样是在20世纪80年代，气质研究者阿诺德·巴斯(Arnold Buss)认为害羞有两种独特的类型(Buss, 1986)。巴斯将第一种类型称为害怕型害羞。他认为，这是一种在婴儿出生第一年末出现的遗传性特质。害怕型害羞的基本特征是对陌生人表现出害怕或警惕，这一概念与卡根提出的行为抑制非常相似。然而，害怕型害羞只聚焦在新奇的、有人参与的社会情境中。行为抑制则较广泛地关注对各种新奇刺激的恐惧。

巴斯将第二种害羞类型称为不自在型害羞。这种害羞大约在儿童4—5岁时出现，更多地受儿童自身经历的影响。它是指身处社会评价中（例如，成为关注的焦点），个体体验到的不自在感和尴尬，而非害怕。巴斯最初的论述是将害羞分为害怕型害羞和不自在型害羞，大体上，这是两个明显不同的概念。然而，后续研究发现，这两种不同类型的害羞在很大程度上存在重叠，而且年长儿童通常会同时有这两种害羞表现。

从发展的角度来看，不自在型害羞与儿童社会性认知系统的成熟（尤其是换位思考能力）是同时发展的。学步儿和年幼学龄前儿童很难理解自己和他人会以不同视角看世界。这一现象被称为自我中心主义（字面意思是“所有事物都应围绕着我展开”）。例如，如果一个学步儿喜欢就着冰淇淋吃酸黄瓜，那他会简单地认为其他人一定都喜欢这么吃。而到了四五岁，儿童开始意识到其他人会有与自己非常不同的思想、观点和好恶。持续成熟中的社会性认知能力使得儿童意识到，他人对自己的看法和自己如何看待自己是不同的。这种不同促使他们思考别人是如何看待自己的（例如，从别人的眼中看自己）。

虽然对所有儿童而言，这是一种正常的发展进程，但对害羞儿童而言，这种公众场合中的自我意识多数时候会引发他们在意自己的外观（我在别人眼里看上去怎么样?）以及社会评价（别人是怎样评价我的?)。因此,当儿童觉得自己成为他人关注的焦点或者被他人评价时,会感到不断增强的不自在感和尴尬。

在学校,这种情况的发生是极其普遍的!从最早的展示说明环节,到被点名发言,再到做课堂报告,儿童一直处于被他人正式评定和评价的情境中。此外,哪怕他们仅仅意识到自己被他人评价,也会诱发害羞。对害羞儿童而言,这样的社会情境可能包括与团队中的其他孩子合作,或不得不与教师、校长或具有权威地位的人对话。

事实上,害羞儿童易于认为,任何时候,只要有人注意到自己,他人就一定在评价自己。几年前,在一场有父母参与的工作坊上,一位妈妈因为自己4岁的孩子害羞、叛逆和不尊重他人,想寻求帮助。她在现场详细叙述了孩子前一年生日聚会上发生的事情。孩子得到了祖母送的一份很棒的礼物,在她打开礼物时,大家都发出了"啧啧"的惊奇声和感叹声。然后,这位妈妈要求孩子向祖母道谢。但在大家都静静地看着孩子时,她双臂掩面,不管妈妈怎么劝说,就是不肯道谢。妈妈因此感到极其沮丧、失望和尴尬(在第三章中,我们会详细讨论父母对儿童害羞行为的反应)。但我们要知道,对这个害羞孩子来说,仅仅是家人、朋友的关注就已经给她造成了巨大的紧张和压力,她因此完全僵住了。

有时,即便他人的关注是积极的,一些害羞儿童也可能觉得尴尬和非常不自在。例如,当一个害羞孩子因为回答正确而得到教师在全班面前的表扬,这孩子之后在课堂上主动发言的可能性反而会降低。相反,教师私下里在孩子耳边轻声给予的表扬("顺便说下,你刚才回答得真好!")会产生积极的强化作用,不会使之有被关注后的不自在感(详见第八章,了解更多教师可操作的特定策略,以帮助害羞儿童)。

趋避冲突

早在20世纪90年代，延斯·阿森道夫(Jens Asendorpf)就提出了善于社交儿童和社交退缩儿童的不同亚类(Asendorpf, 1990)。他的这一观点是基于儿童趋避动机形成的不同组合。例如，合群儿童的主要特征是，在社会互动中寻求奖赏的高动机(高水平的趋向社会交往的动机)以及参与互动时的愉悦和舒适体验(低水平的回避社会交往的动机)。

正如我们在有关害羞的早期研究中看到的，研究者很早就发现，害羞个体体验着情绪和思维之间拔河般的冲突。根据阿森道夫的理论，害羞反映的是儿童趋向社会交往动机和回避社会交往动机之间的潜在斗争。换句话说，害羞儿童体验着一种趋避冲突，这是一种希望与同伴互动的意愿(高水平的趋向社会交往的动机)和由互动引发的紧张压力(高水平的回避社会交往的动机)之间的内在斗争。简单地说，害羞儿童常常想要和同伴一起玩，但这种意愿被伴随而来的害怕和焦虑压制。

我们常常可以在操场上、游乐场或其他非正式社交场合观察到害羞儿童的这种内在斗争。例如，害羞的孩子会经常注视着其他正在玩耍的同伴，并且对他们的活动感兴趣。这个孩子之后会开始慢慢靠近同伴，一寸一寸地挪近，直至临近社会交往开始的边缘。此时，他会停止进一步靠近，在那些同伴周围徘徊，看着别人玩，自己却没有意愿主动加入。过了一些时间后，害羞儿童可能最终开始独自玩耍，但是临近其他同伴。

正如我们之前提及的，儿童可能由于许多不同的原因而退却到一人独处。如我们之前所学的，尽管害羞儿童有参与他人互动的意向，但会由于感到互动带来的压力和紧张而更倾向于独处。阿森道夫（Asendorpf，1990）的模型特别适用于将害羞与社交退缩的其他亚类［社交淡漠（unsociability），又称“对社交无兴趣”（social disinterest）］区分开来。根据这个模型，社交淡漠的儿童没有与同伴玩耍的意愿（低水平的趋向社会交往的动机）。但与此同时，这类儿童并不会特别反感或拒绝任何有吸引力的社交邀请（低水平的回避社会交往的动机）。这样一来，我们可以将社交淡漠界定为非基于害怕情绪的独处偏好。

举个例子，社交淡漠的儿童在学校会很乐意自己一个人读书、画画或拼图。如果一群同学邀请他加入一个看似挺有趣的桌上游戏，他有可能加入队伍玩一会儿，然后回到自己独自的活动。研究发现，这样的儿童一般在校与他人相处得很好，并没有不断增加的社交和情绪困难风险。从这个角度来看，社交淡漠被认为是社交退缩中比较良性的一类。

但在学校情境中，我们有时很难区分害羞儿童和社交淡漠儿童。例如，我们可能会观察到，这两类儿童在下课间隙都会独自待着。同样，这两类儿童可能在班级集体活动中不太会表现得很健谈。尽管这样，这两类儿童的主要区别在于他们的内在体验不同。对社交淡漠儿童而言，沉浸在富有成效的独处活动中令他们满足和满意。相反，害羞儿童会因为无法加入同伴的游戏而感到有压力、孤独和心烦意乱。

什么不是害羞？

在前面的章节中，我们用了很多笔墨描述什么是害羞。在这一节中，我们将简要讨论什么不是害羞。正如之前专栏 1－1 所罗列的，我们的日常用语中有很多被用作害羞的同义词。我们也曾看到心理学家用其中的术语来描述与害羞有不少重叠的概念（如行为抑制、迟缓慢热、害怕型害羞、不自在型害羞）。有两个特定的术语在日常用语和心理学文献中常被用作害羞的同义词，但它们显然不是害羞。我们认为，教师非常有必要了解这些术语之间的差别。

首先，我们想区分害羞和内向（introversion）。内向—外向是组成人格基本维度的大五特质之一。其他的大五特质包含宜人性、亲和性、神经质—情绪稳定性、开放性和严谨性。内向是人格研究者从 20 世纪 40 年代［汉斯·艾森克（Hans Eysenck）］开始就一直关注的核心，也是一个宽泛的概念（Eysenck，1947）。它在媒体和大众出版物中获得广泛关注（如 Cain，2012）。

简单地说，内向者的动机和行为都侧重内心，而且在独处时感到精力充沛。对内向者而言，身处一大群人中的体验是过于刺激和消耗精力的。而且，他们会寻求一人独处，以重新储备自己的能量。相比之下，外向者会因为社会情境而充满动力，而且很难忍受独处（因为受到的社会性刺激太弱）。值得注意的是，尽管内向者也常被他人描述为害羞，身处群体中并不一定会引发他们的焦虑，但这对他们而言，绝对是非常累人的。这样的话，一些内向者可能事实上是害羞的（尤其是如果他们是高神经质、低情绪稳定的），而其他内向者未必如此，而且更适合被描述为社交淡漠。

其次，我们在此对害羞和社交焦虑障碍（Social Anxiety Disorder，简称 SAD）（以前被称为“社交恐惧”）进行区分。美国精神医学会于 2013 年将社交焦虑障碍定义为一种削弱性的精神健康障碍，以患者在接触陌生人和他人评价的社会情境中感到强烈、持久的害怕/焦虑为特征。社交焦虑障碍是最常见的焦虑障碍，估计每八个人中就有一人会在一生中患这种障碍。

害羞和社交焦虑障碍的确存在一定程度的、潜在的概念相似性。事实上，一些心理学家会认为这两者的差异只是程度上的不同：社交焦虑障碍患者是极度害羞的。然而，即使是极度害羞的儿童，他们中的大部分人也不会发展成社交焦虑障碍。此外，一些从小并不害羞的个体却罹患社交焦虑障碍（我们会在第四章中详细探讨区分害羞和社交焦虑障碍的重要性）。

童年期害羞的核心术语回顾

- 趋避冲突：追求社交互动的意愿（趋向社会交往的动机）与同时由互动诱发的害怕/焦虑（回避社会交往的动机）之间的内在冲突。
- 行为抑制：遇见陌生人和面对新事物时，表现出持续的警惕、犹疑和矜持的具有生理倾向的反应。
- 害怕型害羞：儿童早期出现的、对陌生人带有遗传性的害怕或警惕。
- 内向：一种人格特质，侧重内心，而且在独处时感到精力充沛。
- 不自在型害羞：处于关注的焦点时，个体体验到不自在感和尴尬。这种害羞的出现晚于害怕型害羞，更多地受儿童自身环境的影响。

● 迟缓/慢热型儿童：在面对陌生情境时，年幼儿童表现出消极反应和退缩行为。但是，随着时间的推移和重复接触新情境，他们慢慢适应并逐渐表现出积极反应。

● 社交焦虑障碍：一种使人衰落的精神健康障碍；个体在接触陌生人和他人评价的社会情境中感到强烈、持久的害怕/焦虑。

● 社交退缩：儿童放弃现有的社交机会的过程（比如，在有同伴在场的情况下独自玩耍）

● 气质：有生理基础的儿童情绪和行为反应模式的个体差异，通常在儿童早期出现，而且随时间推移而相对稳定。

● 社交淡漠型：非基于害怕情绪的独处偏好。

第二章
害羞的本质：遗传和生理基础

有关害羞的五个奇怪事实

1. 害羞婴儿常常是在冬季之前受孕的。

2. 害羞成人的嗅觉比其他人更灵敏。

3. 害羞儿童及其家人更有可能对花粉和其他过敏原过敏。

4. 害羞儿童的左手指尖温感高于右手指尖温感。

5. 害羞儿童更可能是蓝眼珠的。

弗洛伊德(Freud, 1924, p.178)曾说："人的命运是由他的解剖学特征(遗传特征)决定的。"这一论述也适用于害羞吗？是否有可能有些儿童生来就是害羞的？回答这个富有启发性的问题，对我们研究害羞有深远意义：从对害羞发展进程的基本理解，到我们对害羞儿童的期待是如何变化的，直至我们可以采取什么策略来帮助害羞儿童面对困难。在这一章，我们尝试探索这一复杂问题，并分析儿童早期害羞的生理基础。

如果我们说狗在害羞和勇敢无畏上有个体差异，许多养宠物的人士很可能会赞同这一说法。事实上，害羞的个体差异在各种非人类物种中得到证实。例如，史蒂芬·索米 (Stephen Suomi)进行了一系列有关恒河猴害羞行为和反应差异的研究(Suomi,

1991)。他发现,从出生起,大部分猴子都对环境中的挑战和新情境适应良好。它们很快开始探索环境,而且不轻易表现出心烦意乱。索米将有这些表现的猴子称为悠闲型。相较之下,另外20%的恒河猴一出生就在面对上述情境时表现出害怕、警惕和小心翼翼。这一结果听着耳熟吗?这一描述与卡根研究的极度抑制型儿童有着惊人的相似(Kagan et al., 1984;在第一章中有描述)。索米将这一类恒河猴称为紧张焦虑型。其他一些研究者也在其他物种中发现了类似的害羞差异,例如,马、羊、猪、鸟、蜥蜴乃至鱼和章鱼!这些差异明显地反映了生理基础的影响。

在本章接下来的部分,我们将首先讨论害羞的遗传性。家庭成员间的害羞相似吗?如果是这样,哪些方面可以归因于遗传?之后,我们将仔细讨论害羞的生理基础。其中包括当我们受到惊吓时,身体内部会发生什么。事实上,当害羞儿童遭遇有压力的社会情境时,例如,遇到陌生人,他们的大脑和身体会产生反应,以应对害怕。我们想要强调的主要假设是,害羞儿童在生理基础上可能和其他大胆无畏的儿童不同。我们会论述这一假设对害羞儿童所思、所想和所做的研究启示。最后,我们将回顾和尝试解释开篇时提出的几个奇怪事实。其中有一些效应是我们目前还无法用研究来解释的(猜猜哪几个事实还未能被解释,看了答案后你可能会觉得很惊讶!)。

与生俱来的害羞?遗传和遗传学的影响

没有什么事实比害羞有家族遗传性这一点更具有肯定性了。

(Campbell, 1896, p.805)

正如这句引述所论证的，我们已经很清楚地知道，害羞存在遗传性。许多研究都已经表明，极度害羞或焦虑儿童的父母，很有可能也是害羞或焦虑的（详见 Negreiros & Millers, 2014 的综述）。然而，我们很难从这些研究中得出亲子间在害羞遗传上的原因。难以归因的一个主要原因是，亲子间害羞的相似性是由天性（例如，父母将害羞相关基因遗传给孩子）和教养（害羞父母的教养行为促成了孩子的害羞）共同造成的。

天性还是教养的问题已经成为发展心理学史上最核心、最热议的话题之一。我们究竟是基因遗传或环境的产物，还是两者兼具的产物？在 17 世纪和 18 世纪，哲学家在天性还是教养这个基本问题上进行了激烈的阐述和争论。一些著名的思想家坚定地认为天性占主导。例如，在有关原罪的教义中，托马斯·霍布斯（Thomas Hobbes）认为，儿童生而自私，且有邪恶倾向（Hobbes, 1909/1651）。因此，父母和社会承担着训导儿童归正的责任。让-雅克·卢梭（Jean-Jacques Rousseau）也认为，儿童拥有与生俱来的内在特征和倾向（Rousseau, 1984/1755）。但是，根据他的天性善良说，儿童出生时就好似高贵的原始人，对对与错的天生直觉促使他们向好的方面发展。之后，社会中的诱惑导致了儿童的不良行为和罪过。相反，其他一些哲学思想认为后天的教养完全占主导。例如，约翰·洛克（John Locke）认为儿童生来好似一块白板（Locke, 1823/1689）。从这个观点来看，儿童的特征和行为完全是由后天环境影响的、基于他们经历的教养结果。因此，儿童如果表现出不良行为或行为不符合社会的期望，那一定是父母的过错！

随着当代遗传科学的出现，我们越来越清晰地看到，只研究最初的这个天性还是教养问题是不充分的 。随着对环境因素如何起作用的更多了解，我们也逐渐知晓特质是如何在亲子间传递的。这也促使了一种研究方法学的形成：行为遗传学。这种方法学想要回答的问题是：天性和教养的作用各占多少？行为遗传学研究旨在通过比较个体特征的异同来评估不同特质的遗传力。这些个体，例如，双胞胎、普通兄弟姐妹以及父母和孩子，在不同比例上拥有共同的基因信息。

这些研究的潜在原理是，不同类型的同胞可能拥有各种遗传基因组合。例如，同卵双胞胎是由单个卵子授精形成，并因此拥有百分百相同的遗传信息。相反，异卵双胞胎是因两个独立的卵子由两个不同的精子授精形成。结果是，像普通的兄弟姐妹一样，异卵双胞胎间共享 50%的基因。如果我们假设同一个家庭里的所有儿童在几乎相同的环境下成长（这并不是一个简单的假设，我们之后会详述），那么，同卵双胞胎比异卵双胞胎在某个特质上更为相似。这种更高的相似性归因于共同基因的影响（天性），而不是他们经历的教养方式、文化背景或其他环境的影响（教养）。

一直以来，学术界有很多关于儿童害羞的行为遗传学研究。测量害羞的方式不同，对双胞胎进行比较时选的年龄段不同，则结果大不相同。例如，在一项双胞胎研究中，研究者希尔·戈德史密斯（Hill Goldsmith）及其合作者（Goldsmith，Lemery，Buss，& Campos，1999）观察并计算得出，婴儿对陌生人的害怕有 68%是遗传的。在另外一项年长儿童和青少年的双胞胎研究中，希拉·麦圭尔（Sheila McGuire）及其合作者报告，儿童面对陌生人时表现出的害怕，有 51%是遗传的（McGuire，Clifford，Fink，Basho，& McDonnell，2003）。

总的来说，同卵双胞胎之间的害羞相似性比异卵双胞胎之间的更高（尤其是在婴儿和学步儿阶段）。其实，在不同的研究中，害羞表现出中度到高度的遗传性。有研究甚至揭示，年幼儿童间的害羞差异有 70% 以上是由遗传基因导致的（Clifford, Lemery-Chalfant, & Goldsmith, 2015）。

尽管这样，我们仍要小心谨慎地解释这类研究的结果。第一，核心假设认为，同一个家庭的所有儿童会经历相同的成长环境。我们认为这一假设过于简单且是错误的。例如，不仅父母对不同的孩子教养行为不同，而且不同的孩子对同一成长环境的反应也很不相同。想象一下这样的场景：当一对双胞胎听见他们父母在争论，一个孩子赶紧躲进自己的房间，另一个则冲下楼并大声呵斥父母停止争吵。第二，想要完全剥离遗传和环境的影响几乎是不可能的。比如（我们在下一章会谈到），生而害羞的儿童不仅会诱发父母不同的行为反应，而且他们对父母特定的行为模式的反馈也与非害羞儿童很不一样。第三，孩子不是他们成长环境的被动接受者。他们会通过自己的选择和行为来积极地塑造和解释他们的成长体验。一个害羞的、选择成为电脑编程员的青少年和一个善于社交的、想从事销售工作的青少年所接触的社会环境大相径庭。因此，当代研究者不仅认同天性和教养对儿童的发展都有贡献，而且认为两者之间有着复杂的相互影响。

近些年来，研究者也开始关注在分子水平上遗传因素对害羞和其他特质的影响（Battaglia et al., 2005; Rubin et al., 2013; Smith et al., 2012）。研究技术的进步允许我们使用相对容易而又非介入式的方式（例如，采集唾液样本）来收集和分析遗传基因数据。在这些分子遗传学研究中，研究者测试了理论上和害羞相关的基因的差异。这种方法可能有发展潜力，但研究结果至今还是不一致。也许今后方法学的技术精进可以更好地提高研究结果。例如，像其他大多数复杂的特质一样，想用某个单一的基因来解释害羞的特征是不成立的。更有可能的情况是，多个不同的基因通过互动和组合来影响害羞所包含的复杂的思维、情绪和行为模式。揭示遗传基因如何影响害羞的形成和发展，这一研究才刚刚开始。

此外，解释这些分子遗传研究的结果仍是一种挑战。如我们所见，遗传秉性（天性）随着时间的推移与环境交互作用并且影响环境（例如，对同一环境事件，儿童的反应各不相同，带有不同特征的儿童会寻求不同的成长环境）。但是，近期的理论和实证研究也发现，环境能够开启或者关闭基因，甚至改变 DNA（这也称为“表征遗传学”）。环境似乎可以直接影响遗传基因！

那表征遗传学会怎样影响害羞研究呢？害羞是一种气质特征。如我们在第一章中提及的，气质带有生理基础并在生命早期出现。目前为止的研究证据表明，这一基于后天的秉性确实部分来源于遗传基因。简单地说，我们有理由相信，害羞至少在一定程度上会在家族成员之间遗传。但是，害羞当然不只是遗传作用的结果，实际情况远远比这个复杂！还有，值得注意的是，天性作用不仅仅基于遗传。我们的生理特征可能受到母亲产前和新生儿期应激、子宫环境、是否难产以及许多其他因素的影响。

作为例子，让我们回顾本章开篇提到的第一个奇怪事实。还记得我们提到过害羞儿童更有可能是在冬季之前受孕的吗？这个趣闻来自史蒂芬·戈特马克尔（Stephen Gortmaker）的研究（Gortmaker, Kagan, Caspi, & Shiva, 1997）。他测试了母亲在孕期接受自然日照与儿童出生后的害羞之间的关联，采用并分析了来自美国和新西兰的样本（目的是验证假设是否在北半球和南半球均成立)。戈特马克尔发现,母亲的第二孕程在冬季时(此时自然日照最少)的孩子,比母亲在这一孕程接受更多日照的孩子更害羞。这个预测的效应并不太大,前一种情况下的儿童的害羞可能性只比其他人高20%,而且导致这一关联的内部机制尚不明了。但是,这一发现确实提醒我们,在考虑儿童是否生而害羞时,我们需要考量多个可能影响生理基础的外因和过程。以害羞儿童为例,相关的生理过程主要是与个体对恐惧的反应有关。因此,在下一部分,我们概述了研究者发现的面对恐惧时那些在人体内发生的变化。

恐惧系统:战斗或逃跑反应的解剖学分析

我们都知道害怕的生理表现。当我们感到害怕时,我们会心跳加速,手心出汗,呼吸急促,肌肉紧缩,而且瞳孔放大。为什么会发生这些现象?我们的大脑内部和体内发生了什么,所以导致这些症状?学术界事实上已经了解不少有关恐惧系统的运作。当然,本书并不是为了给大家提供一个平台来详细了解我们在感知和应对恐惧时的生理和神经学过程。但对害羞儿童而言,社会情境是会诱发这样的战斗或逃跑反应的。

想象自己独自走在一片僻静的森林里。天色开始暗下来,你已经偏离原来的小径,感觉自己迷路了。周围有着很多不明的声响,在你视野所及的地方,好像有什么东西在快速移动,你甚至闻到一些奇怪的味道。你的所有感官都处于高度警戒状态,快速地审视周围,时刻关注着可能出现的危险信号。突然间,一只大熊出现在你面前。接下来,你体内发生的变化是如此之快,以致你都没有意识到。一眨眼的工夫，你的大脑和身体已经快速进入行动状态，准备应对可能出现的安全威胁。首先，你的感知觉记录了熊的出现是一种可能的危险源。接着，这一信息立即被传送到脑部一个叫杏仁核的地方，它参与加工恐惧和其他情绪。杏仁核的作用是解码和解释通过感官登记的信息。当知觉到威胁，它会像警报器一样，发送应激信号给大脑的另一个部位——下丘脑。下丘脑的功能是通讯和指令中心，它利用神经系统给身体各部分快速发出应对威胁的指令 。

当我们面对危险时，我们最基本的选择不是战斗就是逃跑。我们最快速的反应系统已经进化到在危险逼近时保护我们自己。当下丘脑发出行动指令时，一系列的生理反应就被触发了。例如，肾上腺启动，荷尔蒙大量分泌进入血流。这些荷尔蒙包括肾上腺素和皮质醇（又称“应激激素”），它们的任务是使身体做好防护或者逃跑的准备。战斗或逃跑的准备表现为心跳提速，血压升高（这样血液可以更有效地进入心脏和别的重要器官），呼吸急促（这样肺能吸入更多氧气，而且把氧气输送到最需要的地方），肌肉紧缩（这样我们可以做好应对准备）。

这一切都发生得如此之快，以致我们可能会在事件发生之后才注意到这些身体变化。你是否曾经死里逃生，差点卷入一个大事故？你还记得自己意识到一切安好后，当时的感觉吗？你可能觉得心跳加速而且头晕。这些都是战斗或逃跑反应的症状。

杰尔姆·卡根是最早将恐惧系统研究运用到害羞儿童中的研究者之一。回顾我们在第一章中提过的，卡根（Kagan et al., 1984）区分了一组占总样本 15％的儿童，他们在面对新环境和陌生人时表现出明显的警惕和恐惧（他将这些儿童定义为极度行为抑制型)。他注意到,当这些害羞儿童面对威胁(例如,新环境或陌生人)时,他们的行为表现为"僵呆"(恐惧时暂时性的无法动弹),类似于在动物中观察到的害怕反应。卡根猜测这样的行为是由于杏仁核反应过度导致的。杏仁核负责在个体感到受威胁时拉响警报。如果极度害羞儿童的杏仁核警报极易被触动,那么他们的身体就会出现更多的生理变化。

后续的一些研究结果支持卡根的这一猜测。面对社会情境的压力时,害羞儿童和非害羞儿童的生理反应是不同的。例如,相比外向、爱社交的同伴,害羞儿童在压力下心跳更快,肌肉更紧绷,体内分泌更高水平的应激荷尔蒙(皮质醇)(Fox, Henderson, Marshall, Nichols, & Ghera, 2005; Pérez-Edgar, Schmidt, Henderson, Schulkin, & Fox, 2008; Schmidt et al., 1997)。所有这些生理反应都与杏仁核发出战斗或逃跑的应激信号后身体出现的反应一致。有关成人的后续研究使用了更为高端的成像技术[例如功能性磁共振成像(fMRI)]直接测量害羞成人和非害羞成人的杏仁核活动(例如,Beaton et al., 2008)。研究结果证实了卡根的假设。在应对社会性威胁时(例如,遇见一个陌生人),害羞儿童的恐惧系统更容易被启动并引发更强的生理变化。

基于上述研究,我们来回顾第二个有关害羞的奇怪事实:害羞的人嗅觉更灵敏(例如,Herbener, Kagan, & Cohen, 1989)。正如我们所看到的,我们受到惊吓时的生理反应,就是我们的感官能更敏锐地觉察危险。这就不断强化了我们的感官灵敏度。如果害羞个体的神经系统发展到对社会性危险过度警惕,就会产生一种副作用,使我们的所有感官都变得敏感。正因此,害羞个体的嗅觉会对气味的微小变化更敏感。

紧绕的弹簧

发现害羞儿童的恐惧系统对社会性威胁的反应更强，这一点并不令人惊奇。然而，其中蕴含的信息远比这点丰富。愈来愈多的研究表明，害羞儿童存在基线水平的生理差异。换句话说，即使没有受到即时的威胁，这些儿童的生理特征值（例如，心率和皮质醇水平）也比那些不那么害羞的儿童要高。例如，路易斯·施密特（Louis Schmidt）及其合作者（Schmidt，Fox，Rubin，Sternberg，Gold，Smith，et al.，1997）研究儿童晨起后的皮质醇水平（此时通常是最低值），发现极度害羞儿童比非害羞同伴有着更高的皮质醇水平。卡根等人（Kagan，Reznick，& Snidman，1987，1988）对害羞儿童的研究事实上是从婴儿期开始的。他们发现害羞儿童在4个月大时，面对实验中展示的花色风铃，很容易被这个新事物刺激而心烦意乱。但大胆的儿童在婴儿期面对同样的刺激时，并不容易被激惹，而是保持放松和平静。这一结果表明，即便没有即时危险出现，害羞儿童的恐惧系统和唤起系统还是更可能对危险处于待发状态（更容易被诱发）。

这就带我们回到了第三个奇怪的害羞事实。卡根（Kagan et al.，1984）通过研究发现，害羞儿童及其家人感染花粉热和其他过敏症的比例更高。我们对其中的机制知之甚少。但是，与害羞有关的一些生理过程可能会增加个体免疫系统功能的压力。比如，随时间升高的皮质醇水平会降低身体的抗病能力。乔安娜·钟（Joanna Chung）和玛丽·安·埃文斯（Mary Ann Evans）的研究发现支持了这一观点：相比非害羞儿童，害羞儿童更有可能在为期一个月的研究过程中生病（Chung & Evans，2000）。

当我们向父母讲述害羞的生理学时，我们通常并不会深入到有关大脑、中枢神经系统或应激荷尔蒙这些细节。相反，我们会将害羞儿童的神经系统比喻成一个紧绕的弹簧，这个弹簧很容易就被社会应激源触发。他们的身体好像时刻准备发出警告：令他们恐惧的东西会随时随地出现！正如一位妈妈曾经向我们讲述的，她的害羞女儿“往往会感知到所有事情”。难怪当害羞儿童处于紧张的社会情境中时，他们会有着如此强烈发自肺腑的反应。

根据以上信息，我们再来回顾一下在森林中遭遇熊的恐怖场景。但这次我们用的例子是一个害羞儿童在上学第一天见到教师的场景。当他走进校园时，双眼（及其他感官）快速地扫描着危险的信号（例如，其他同学、教师或其他权威人士）。当他看见教师时，一个可能的威胁信息就被大脑登记了（此时，教师属于陌生的权威人士）。他的杏仁核发出了警报信息，身体的恐惧系统被启动。当教师走近他向他问好时，他的身体已经做好撤离的准备了。我们很容易观察到这些自动化生理过程是如何加剧害羞的认知、情绪和行为的。事实上，想象一下，当我们心跳加速，呼吸急促，皮质醇在体内涌动时，想不体验害怕都是非常困难的。

以上所述研究带给我们一些启示。弗洛伊德提出的“解剖特征决定一切”（Freud，1924，p.178）认为，一个人的生理秉性是很难改变的。事实上，害羞儿童可能总是在面对陌生人时倾向于表现出害怕。但这并不意味着他们无法习得和形成一些策略，来应对这些原始性反应并表现出适应性行为。在之后的章节中，我们将会了解到害羞儿童在学校和家里的体验对他们的社会性、情绪和学业发展有极其重要的影响。尽管有着弗洛伊德提出的主张，但我们认为，基因和生理基础并不能决定我们的命运。事实上，弗洛伊德的这一观点现今更多地被重塑为生理不决定命运。

害羞和其他气质特征的生理组成强调了一个观点：不同儿童对万物的所思、所想和所做是不一样的。我们需要重视并理解这些差异对儿童的认知、情绪和行为有着深远的影响，而且这些影响会因环境而异。在之后的章节中我们会谈到，当父母和教师期待怎样改变害羞儿童的行为反应时，特别需要考虑之前提到的个体差异。我们会提醒父母，害羞的儿童不太可能成为非常外向和爱交际的成人。但是，我们没有理由认为，这些儿童将来无法发展为适应良好和快乐的成人。

奇怪的事实：指尖和小男孩的蓝眼珠

无可否认，本章叙述的内容有些复杂和难以消化。因此，我们试图相对轻松地阐释有关害羞的最后两个奇怪事实（它们听上去像是被编造出的！）。你可能会觉得惊讶，但是至少其中有一个是有科学依据的。

我们先讨论以下这个事实：害羞儿童的左手指尖温感高于右手指尖温感。这是为什么呢？我们可以用害羞儿童和非害羞儿童其他的脑部反应来解释。纳森·福克斯（Nathan Fox）及其合作者（Fox, Henderson, Rubin, Calkins, & Schmidt, 2001）发现，当害羞儿童经历社会压力时，他们的大脑右前叶会迸发增强的脑活动（能量）。对于非常外向和大胆的儿童，这些能量更有可能出现在脑的左前叶。这种左右前叶的能量失衡多发生于焦虑和抑郁的成年人。这个发现与指尖温度有什么关联呢？是这样的，我们的左右侧大脑和肢体是交叉连接的。也就是说，右侧大脑控制左侧身体的活动，左侧大脑控制右侧身体的活动。这样一来，如果某一侧脑叶的热量增强，那么另一侧肢体的温度就会小幅上升。通过使用非常灵敏的温度仪，我们可以测量到，随着害羞儿童右前叶活动的增加，他们左手食指指尖的温度有小幅上升。

最后一个奇怪的事实是，害羞儿童更可能是蓝眼珠的。这听上去似乎很不可思议，但这一结果已经被很多研究重复证实。想象一下这样的场景：100 个非常害羞的白人小孩被安置在一个房间，另外 100 个外向的白人孩子被安排在隔壁的房间。如果你数一下每一个房间里蓝眼珠和棕色眼珠的儿童各有多少，你会发现，害羞孩子中，蓝眼珠的比例要比外向孩子的比例高。这个结果也是卡根(Rosenberg & Kagan, 1987) 最先发现的，但是从那时起，这个结果就在其他有关婴儿、学步儿和学龄儿童中反复被证实(Reznick, Gibbons, Johnson, & McDonough, 1989; Rosenberg & Kagan, 1989; Rubin & Both, 1989)。这一现象在男生中更明显(Coplan, Coleman, & Rubin, 1998)。这一结果首先被认为与民族或文化因素相关。例如，北欧背景的个体更有可能是蓝眼珠的，而且行事更为矜持。相比之下，南欧人更有可能是棕色眼珠的，而且更外向。然而，害羞和蓝眼珠的这一关系在我们排除民族背景这一因素的作用后，依然存在。尽管研究者试图用一些神经和生理机制来解释这一现象，但我们至今仍未完全了解其中的原因。这一项研究可能会令你很惊讶，但你现在可能对害羞和眼球颜色之间的关联有了更多了解。

多琳·阿克斯(Doreen Arcus)曾经进行过一个非常有趣的研究，她分析了迪士尼经典卡通人物中眼球颜色与人物是否害羞之间的关系(Arcus, 1989)。让人难以想象的是，她发现，整体而言，害羞和脆弱的卡通人物更有可能被描绘成有蓝色眼珠。相反，那些强势的、外向的卡通人物更多的是棕色眼珠的。我们可以合理地假设，虽然动画设计师会根据编剧指引来设计人物角色的一些外表特征，但像眼珠颜色这样的细节，更有可能由他们自己做主。这样的话，阿克斯认为，在设计、绘画不同动画角色时，绘画师可能（潜意识里）会受到他们自身经历的影响，例如，与蓝眼珠的害羞儿童的互动体验。当需要填画这些不同角色的眼珠颜色时，给害羞角色选择蓝色的眼珠感觉就是正确的选择。这种选择其实反映了绘画师自己与害羞儿童的真实社交体验。

最后一点，虽然实证研究表明了害羞与一些生理特征之间的关联，但这些关联并不是绝对的。换句话说，一些害羞儿童的生理特征可能并不像我们之前所描述的，神经系统高度反应的儿童可能完全不害羞。在影响儿童人格的因素上，天性只是这个谜题的一部分。在下一章，我们将关注后天教养的作用，而且讨论父母在儿童害羞发展中扮演的角色。

第三章
教养形成的害羞：依恋与父母养育

个案研究　学游泳的第一天

有一天，两个家长都试着教各自的孩子学游泳。上第一次游泳课时，刚到泳池，两个孩子就害怕地说："我下不了水！"然后大哭起来。

第一个家长生气地说："太糟糕了！但你还是要学怎么游泳。"说完就一把把孩子推入了水中。

在泳池的另一侧，另一个家长听到孩子说害怕时，开始担心起来，并告诉孩子："没关系，不用难过，我们不是一定要下水的。"然后，带着孩子回家了。

这个故事的寓意是，这两个孩子那天都没有学会如何游泳。

教师们通常会定期与班上孩子的父母交流互动。在非正式的场合（例如，父母接送孩子的时候）或正式的场合（家长会），教师和父母们可能会谈到孩子是否害羞的话题，教师或父母或许会表达出对害羞孩子的担忧。在这一章，我们将综述发展心理学目前的研究结果中父母对害羞儿童的影响。

我们在第二章中提到，实证结果强有力地证明了生理和遗传对害羞的作用。但家庭环境在害羞儿童的发展中同样扮演着至关重要的作用。与至亲和其他重要他人的积极关系，给很多处境不利儿童提供了重要的心理弹性资源。亲子关系自然而然是我们探索人际关系影响的起始点。之后，我们会讨论父母的教养观念、情绪反应和行为，它们对害羞儿童可能特别有帮助或效用一般。最后，我们会给教师提出一些建议，帮助他们与害羞儿童的父母进行互动、沟通。

我可以怎样爱你？害羞与亲子依恋

弗洛伊德（Freud，1938，p.188）曾经这样描述母婴关系："独特的，无与伦比的，一旦建立就无法逆转的终身关系；它是最初的最强的爱的实体，是今后所有爱的关系的原型。"与弗洛伊德精神分析理论的其他方面一样，我们可以合理地认为，这一说法有点言过其实。但是，弗洛伊德在精神分析领域的贡献是完整无缺的。现今，我们仍普遍认为，年幼儿童与父母（和其他重要他人）早期关系的质量对他们的发展有深远意义。

依恋理论源于弗洛伊德的观点以及约翰·鲍尔比（John Bowlby）和玛丽·安斯沃思（Mary Ainsworth）早期具有开拓性的研究（Ainsworth，Blehar，Waters，& Wall，1978）。依恋理论的核心观点是，儿童的早期亲子关系造就了他们对自己和他人的一般信念，这种信念影响了我们如何理解社会互动以及形成人际关系的期待。这些宽泛的观点和期待模式被称作内部工作模式。打个比方，我们可以将内部工作模式理解成我们看世界所透过的镜片。

我们可以通过一个例子来进一步阐释。大多数儿童都会与父母形成安全型依恋关系。在模棱两可、威胁性的或压力的情境中，安全型依恋的儿童在父母陪伴下感到安全和受保护。他们会向父母求助并得到父母的安慰。他们也逐渐知道，当自己感到难过时，可以依靠父母，并能从他们那里得到情绪上的安抚。因此，父母成为年幼儿童的安全基地，他们可以自由探索和了解所处环境。安全型依恋关系能够提升儿童的自信心、独立性、自主性以及处于社会情境中的自在感。此外，长大之后，安全型依恋的儿童通常对周围的人和事物有积极的看法。我们可以从广义上概括这种积极的内部工作模式：这个世界是可预见的美好的地方。

然而，一些儿童却形成了不安全的依恋关系。这样的关系以充斥愤怒和不信任为特征(通常被称为"不安全—回避型")。另一种与我们的研究方向更相关的不安全型依恋称为"不安全—抗拒型依恋"或"不安全—矛盾型依恋"。当不安全—抗拒型依恋儿童处于模棱两可或有威胁的情境中时，即便与父母在一起，他们也常常觉得不安全，或没有受到保护。他们会觉得难过，想要黏着父母，而且不敢探索周围环境。不安全—抗拒型依恋儿童感到难过时，非常希望能从父母这里寻求安慰，却又很难轻易被父母安抚。这种类型的不安全依恋将会预测儿童今后的问题行为，包括内化问题行为(例如，焦虑)。随着他们的成长，不安全—回避型依恋儿童更多地形成对自己和他人消极的看法和期望。这种特定的消极的内部工作模式可以被概述为，周围世界是一个难以预见和令人害怕的地方。在这种情况下，儿童是戴着被恐惧和焦虑扭曲的眼镜看待周围世界的。

我们认为，依恋关系有着很多衍生属性。也就是说，某一特定关系的质量，并非完全可以从依恋个体的特征来预测。举例来说，我们想象曾经的某一天，你给两个朋友安排相亲。根据你对他俩各自的了解，你认为他们会很相配。但是，当他们碰面时，就是感觉不适合彼此。将这个例子延伸到依恋关系：特定气质的儿童与特定人格和/或教养方式的父母之间并不总是形成基于个体特征所预测的依恋关系。

尽管这样，仍有一些证据表明，害羞儿童多多少少更有可能形成不安全-抗拒型依恋。更为重要的是，与抚养人形成不安全型依恋的害羞儿童，似乎特别容易有适应困难。相反，安全型依恋对害羞儿童具有保护作用。例如，研究者埃琳·刘易斯-莫拉蒂(Erin Lewis-Morrarty)及其合作者追踪研究了一些婴儿，直至其青少年时期(Lewis-Morrarty et al., 2015)。他们发现，童年期持续的害羞，只能预测那些不安全—抗拒型依恋儿童进入青少年期的焦虑问题，并不能预测那些安全型依恋儿童进入青少年期的问题。这样一来，安全型依恋对害羞儿童将来形成焦虑问题的可能性起到了缓冲(保护)作用。相反，害羞特征加上不安全型依恋，就像祸不单行，造成了儿童特别糟糕的结果。

依恋理论作为发展心理学的核心概念，持续受到广泛的关注。正如我们所见，这个理论的某些要素与儿童早期害羞的演变有关。尤其重要的是，教师能够理解很多害羞儿童带着警惕和担忧看待周围世界。另一个相关研究分支更关注父母的个人特征和社交模式。不管怎样，这些特征和模式是能改变害羞与焦虑之间的关联的。

言传身教：父母的榜样作用

在 20 世纪 70 年代，艾尔弗雷德· 班杜拉(Alfred Bandura)提出了社会学习理论，并认为这是儿童习得一切的主要过程(Bandura，1977)。这一理论认为，儿童观察并以他人的行为、态度和情绪反应为榜样(想象一下有样学样的情景)。我们需要警醒的是，儿童特别容易以重要或著名人物的行为为榜样。那么，这一概念是如何应用到父母和害羞儿童的关系中的呢？如果父母比儿童更害羞，他们可能会提供一种"处于害羞状态"的影响，其中包括对害羞情绪(例如，在一些社会情境中感到害怕、焦虑或尴尬)、认知(例如，用语言表达担忧和消极想法)和行为(例如，退缩、凝视、厌恶和脸红)的榜样作用。

正如马尔奇·伯斯坦(Marci Burstein)和戈尔达·金斯伯格(Golda Ginsburg)的研究所阐释的，这种害羞的榜样作用对儿童有着强大的影响(Burstein & Ginsburg，2010)。这两位研究者将家长和儿童邀请至实验室，然后告知儿童他们将参与两个拼写测试。测试在两种不同的条件下进行。一种条件下，家长们被训练成焦急地期待孩子的测试结果(例如，身体僵硬、颤抖、眼神飘移、咬唇)。同时，实验者给予家长一个剧本，指导他们说出："这个测试可能对你来说太难了。我担心你可能会表现得不好。如果你没有通过测试怎么办？这样太令人尴尬了。我希望你不会让自己丢脸！"

在另一种条件下，实验者指导家长表现出一种更为自信(非焦虑)的状态(例如，身体放松，面部表情为积极或中立的)。给家长的指导语是要对孩子的测试情况做出更为积极或乐观的评价："这个测试对你来说应该不难。我觉得你一定会表现很好。你会通过测试的。你应该为自己的表现自豪。我知道你能够向他们证明你很聪明。"

在测试正式开始之前，两种条件下的被试儿童均报告了自己的焦虑程度、焦虑的想法以及他们有多想逃避之后的测试。你可能可以估计到，相比处于自信/非焦虑父母指示状态下的儿童，那些父母表现焦虑的儿童自我报告的焦虑程度更高，想要逃避测试的意愿更强。当然，这里发现的短期效应是儿童被试短暂接触父母的某一特定行为。而且，这是一个社区样本，并非特意选取害羞或焦虑的儿童为被试。试想一下，害羞儿童在这样的实验中会如何表现；频繁和长期目睹父母如此焦虑言行的儿童又会如何表现！不难想象，实验效应将会非常强烈和持久。

危险！危险！被强调的威胁

焦虑者通常能够快速感知周遭的威胁，即使这个威胁是模糊的、不确定的。焦虑的父母通常会对孩子强调威胁。让我们再来看一个例子。想象在风和日丽的周末下午，一位爸爸和孩子一起在公园踢足球。这位爸爸远远地看到一名少年手里拿着飞盘走来，身边还有一条大狗一路小跑着。这名少年和他的狗正逐渐向这对父子靠近。这个时候，非焦虑的爸爸可能会对孩子说："快看，一条狗过来了。"

同样的场景，换成焦虑的爸爸和已经有一点怕狗的孩子。当注意到那条狗在逐渐靠近时，这位爸爸可能会说："有一条大狗跑过来了，不要害怕哦。应该没事的，但是我不太确定它有没有被狗链牵着。所以……注意不要去摸狗的脸哦……不过没问题的。看，它过来了。我们不要做什么突然的动作……我们是不是应该先暂停踢球？没事的……你应该站到我身旁来！"

对于害羞儿童的害羞父母，我们可以设想与上一个例子相似的场景。孩子上学的第一天（父母可能会说：“你别紧张哦……那里有很多很多新同学……他们肯定会跑来跑去，闹哄哄的……但是和他们交流是很重要的……你还要向你的老师介绍自己……都不会有问题的……你紧张吗？”）。对容易感到紧张、小心翼翼和不自在的害羞儿童来说，不难想象，父母的这种言辞会使孩子愈发感到焦虑。

我们有理由关注父母的这些言辞对害羞儿童带来的威胁：强化对威胁的敏感性，会给害羞儿童带来更糟糕的影响。例如，科拉里·佩尔兹-埃德加（Koraly Pérez-Edgar）及其合作者发现，儿童在2—3岁时表现出的害羞能预测他们在5岁时的社交困难，但是这一预测作用只体现在那些倾向于关注威胁的儿童身上（这里的“倾向”指的是他们对环境中的威胁或危险更为敏感）（Pérez-Edgar et, al., 2011）。一般来说，父母的任何行为，只要能降低害羞儿童的危险感知，都可能对他们的社会行为有着长远和积极的作用。

教养方式：社会化的模式

1975年，黛安娜·鲍姆林德（Diana Baumrind）提出了一个极具影响力、至今颇具盛名的教养分类模型（Baumrind, 1975）。她认为，不同的父母有着各异的教养方式。这些风格指的是以典型的技术和行为反应为特征的普遍的教养模式，这些特征适用于不同的文化背景和情境。鲍姆林德还认为，基于教养的温情和控制力的不同组合，我们可以鉴别不同的教养方式。我们一起来简略了解一些对害羞儿童有特别影响的教养方式。

权威型教养

这一类型的父母在温情和控制力上得分都高。权威型父母对孩子进行一些限制，但同时给予他们适度的温情、支持、接纳、道理分析和亲子沟通。总体上，权威型教养方式已被证明对儿童发展的多个方面有利。例如，权威型父母的孩子有着较少的问题行为，学习表现也更好。

我们特别感兴趣的是，已有研究表明，权威型父母有助于害羞儿童发展。例如，我们的一些研究结果发现，权威型父母的害羞孩子在学校表现出适应困难的可能性最低（Coplan, Arbeau, & Armer, 2008）。与此相似，凯瑟琳·布思-拉福斯（Kathrine Booth-LaForce）和莫妮卡·L.奥克斯福德（Monica L. Oxford）发表的研究报告，当母亲鼓励、支持而非充满敌意地对待孩子，学龄前害羞儿童随着时间的推移（从学龄前到六年级），社交退缩的情况越来越少（Booth-LaForce & Oxford, 2008）。

这里蕴含的观点是，权威型父母给予害羞儿童最优化的抚育和支持（高温情），但同时也会通过设定一些限制和约束，期待儿童表现出适龄的社会行为（高控制）。换句话说，在社交情境中，权威型父母会适时地给害羞孩子一点推动。但是，这种推动是以一种敏感和滋养孩子发展的方式进行的，给予害羞孩子适当的支持以帮助他们继续努力。接下来，我们会看到有些父母给予的推动可能过于猛烈，而另一些给予的推动可能不足。

专制型教养

这是鲍姆林德（Baumrind, 1975）提出的另一种教养方式。与权威型父母一样，专制型父母在控制和约束方面得分高。但是，专制型父母的控制有更多强硬的规则实施和严厉的约束及惩罚。此外，该类型父母在教养中表现出很少的温情。相比关爱或支持，他们表现出更多的敌意以及与儿童在情感上的疏离。这种教养方式不仅更有可能导致儿童更多的害羞，还会引发一系列其他的情绪和行为问题。

回顾一下本章开篇讲述的个案，有关家长对孩子害怕下水游泳的反应。一个家长的反应是生气，忽视孩子的恐惧，然后把孩子一把推入水中。这就是专制型父母的例子(虽然是一个极端例子)。被强行推入水中的孩子不太可能学会游泳。在惊恐之下被推入水中，这样的体验让孩子感到无比的恐惧和紧张，以至于他可能一时无法正常反应。不仅如此，下次当他靠近泳池时，他可能会因为担心之前的经历重演而更加恐惧。简而言之，如果你让一个害怕的孩子选择是下沉还是游起来(成败全凭自己)，他多半会下沉(失败)!

现在，我们把这一场景运用到害羞儿童上学的第一天。作为一名教师，想象一下在带儿童进教室前，你在校园里迎接他们。当大多数儿童都已经列队集合完毕时，一名新生和她妈妈向你走来。在妈妈介绍了孩子之后，你俯身和她打招呼。她没有回答，避开了你的目光，躲到了妈妈身后，开始轻声地哭了起来。

专制型父母会把这个孩子拒绝跟教师打招呼的行为视为不听话和不尊重他人的表现。他们可能还会认为，孩子的不良行为也反映了自己做父母的失败。在这种情况下，面对孩子的害羞，专制型父母会感到尴尬和生气。他们的一个典型反应是试图以强势和直接命令的方式来操控孩子的行为(例如，告诉孩子应该怎么做或怎么说）。例如，这个家长会严厉批评她的害羞表现，并强制要求她和教师打招呼，然后再进教室。此时，孩子体验到的强烈的消极情绪以及依旧无法按照家长指令行事，可能会使事态更严重。这可能会进一步导致家长感到更加尴尬和生气，并因此诱发他们更为严厉的行为反应。最后，教师可能会领着一个难过到不能自已的孩子进教室。不难想象，这个孩子带着不佳的情绪开始了入学的第一天。

这个例子说明，当父母给的推动过猛时，害羞儿童会经历什么。正如被扔入泳池中的那个受到惊吓的孩子一样，如果没有父母的养育和支持，将害羞孩子猛然置于社交情境中，是不能帮助他们习得如何应对今后的类似压力的。即使有任何作用，这样的经历也只能更加强化害羞儿童在社交情境中体验到的恐惧、焦虑和担忧。我们之前描述的布思-拉福斯和奥克斯福德（Booth-LaForce & Oxford, 2008）的研究结果正好支持了这个观点。他们的研究发现，那些经历了敌意和非支持性父母教养的害羞儿童，在与学校同伴相处中更有可能遇到问题（例如，不被喜欢，被排斥）并感到孤独。在接下来的部分，我们会发现，当儿童在充满压力的社会环境中缺乏父母的支持和鼓励时，他们会觉得缺乏处理未来社交情境的能力，包括与同学和教师互动。

过度保护型教养

在与儿童害羞发展相关的教养方式中，近年来最受关注的就是过度保护型教养。鲍姆林德（Baumrind, 1975）最初并不特别强调这一类型。过度保护型（有时也被称为“过于关切型”）父母倾向于过度为孩子处理社交情境，限制孩子的行为，不鼓励孩子的独立性发展，而且过度干涉孩子的活动。越来越多的证据表明，害羞儿童容易诱发来自父母的过度保护，这也许是因为父母希望能以此缓解孩子的压力和不安。但正如我们接下来会看到的，尽管如此过度保护的策略能在短期内有效降低儿童当下的压力（而且家长的初衷是好的），但是这种类型的教养会给害羞儿童带来长期的不良影响。

回到游泳池的例子。因为孩子害怕就马上将其领回家，这就是典型的父母保护过度。此外，孩子终究没有学到如何游泳。孩子也可能就此认为自己当时的害怕是合理的。而且，将来只要她感到害怕，父母就会带她离开恐惧源；她的害怕情绪也会因此而缓解，心情得以改善。但是，当类似情况再次出现时，她还是会害怕下水，之前的场景会再现。而她可能因此不会再学习游泳。这样的父母行为就是过度保护，给予孩子的推动（鼓励）不足。

这可以怎样运用到害羞儿童上学第一天的场景中呢？一开始，过度保护的父母倾向于认为害羞儿童是脆弱的、易受伤害的。此外，这样的父母可能自己（或曾经）是有些害羞的，会强烈地认同孩子的害羞行为。在预想自己的孩子面对类似情境的压力时，父母预先就会有不断增强的担忧和焦虑。

当孩子哭着就是不愿意和教师打招呼时，家长当下的目标可能是减轻儿童的焦虑。或许会替孩子解决问题（例如，替孩子辩护），尝试帮孩子挡住压力（例如，跟着孩子进教室），或者更简单，将孩子带离压力情境（例如，带孩子回家）。一个极端过度保护的家长，甚至可能会认为自己的害羞孩子还不到进入学前班的时候，并决定让孩子晚一年上学。过度保护的短期作用可能会减轻害羞儿童的难过和焦虑。但在这样的情况下，害羞孩子并没有学到如何以更具适应性的方式来应对今后的压力情境。如果今后遇到类似情况，但妈妈不能代劳，怎么办？更可能出现的情况是像游泳的那个例子，孩子会毫无准备，会被紧张和焦虑冲击得不知所措。这只会使孩子在遇到类似社会情境时感到更大的压力。

害羞儿童也许特别容易引发焦虑型父母的过度保护行为。在肯·鲁宾(Ken Rubin)和他人的合作研究中，当母亲认为自己的孩子是害羞的，她们更有可能改变自己的教养行为，随着时间的推移而更加过度保护(Rubin, Nelson, Hastings, & Asendorpf, 1999)。在我们之后的一项研究结果中，这一效应在某些类型的父母中更为明显(Coplan, Reichel, & Rowan, 2009)。我们的研究表明，人格特质中的神经质得分较高的母亲，对孩子害羞的感知与过度保护的行为相关最高。不幸的是，这种父母特征的组合(高神经质—过度保护)对害羞儿童来说特别不利。焦虑的父母最容易过度保护孩子！我们其他一些研究(Coplan et al., 2008)揭示，儿童在进入学前班伊始表现出的害羞能够预测他们的学习适应困难，但这个预测作用在焦虑和过度保护的父母的孩子中最强烈。

为什么会这样呢？简而言之，父母的过度保护被认为不利于害羞儿童发展合适的应对策略。这类父母限制或控制了害羞儿童所能接触到的社交体验，经常是以干预的姿态解决害羞儿童的社交问题，或者简单地让孩子从挑战情境中撤离。但是，父母自然不能时时刻刻(例如，整天待在教室里或操场上)陪伴在害羞孩子的身边，替他们解决问题。当孩子被推入有压力的社会环境中时，他们往往是没有任何准备的。父母的过度保护没有给害羞孩子提供机会来发展必要的自发的应对策略。缺乏这样的技能继而侵蚀了他们的自信，使他们的不安全感延续到家庭环境之外。简而言之，如果害羞儿童从未有机会面对社交恐惧，他们永远也学不会如何应对这些恐惧。

去掉标签

有关儿童害羞和父母行为方面的最后一个议题“贴标签”，是比较令我们气恼的。一些父母会很快速、很明确地给他们的孩子贴上在社交时害羞的标签。在孩子不和教师打招呼的那个例子中，家长会很快地回应：“哦……他只是因为害羞才这样的。”有时，其他成人（包括教师）也会在孩子面前自发地贴标签。不管标签来自谁，我们建议大家基于以下原因尽量避免这样的行为。第一，年幼儿童如何看待重要他人的观点深深地影响着他们的自我概念（个体对自己的看法）。乔治·赫伯特·米德（George Herbert Mead）将之称为镜像自我。也就是说，儿童的自我概念是折射在他人对自己的所言所行中；儿童将他人对自己的观点内化，形成自我概念。由于这个原因，父母或他人持续用“害羞”来给孩子贴标签会导致自我预言的实现，孩子会因此想当然地认为：“如果每个人都说我是害羞的，那我一定就是这样的。”

其次，简单地给孩子贴上“害羞”这个标签，近似于免除他们对自己的社交行为负责任。他们会把标签作为一种保护性借口而继续原本的行为，而且没有表现出任何想要改变自己行为的动机。但是，害羞儿童必须意识到，社会对他们的行为是有一定预期的。即便是在令自己紧张的情境中，他们也至少应该尝试形成一定的社交能力。

那么，我们应该怎么做呢？在我们为害羞儿童父母设立的工作坊中，我们指导父母在被问及“你的孩子害羞吗？”时给对方不同于以往贴标签的反应。比如，父母可以以温和的方式，面带笑容地明确否认（“事实上，她并不害羞”），而且提供一个非贴标签型的解释来替代（“面对不熟悉的人时，她有时需要一些时间来预热，但过一会儿就会介绍自己”）。这样的陈述反映了有关害羞儿童的两点重要信息。第一，父母理解和认可孩子在遇到陌生人时的心情。第二，也是特别重要的一点，父母这样的行为反应表达了他们的一种期待：即使孩子感到害怕，他/她至少也要尝试着参与社交。我们在第七章会讨论这种帮助害羞儿童的一般策略。

这个孩子害羞吗？我们能达成一致判断吗？

就像我们在第一章中讨论的，即便是发展心理学研究者，也没能在什么是害羞以及应该怎样测量害羞上达成共识。基于此，父母和教师对某一个孩子的害羞程度有不同的看法也就不是令人惊奇的事了。事实上，这两者之间在儿童害羞的水平上只有低到中度的一致。这样的差异可以归因于以下两点。

第一个原因是，父母和教师是在不同的环境下观察儿童的行为。在有压力的教室环境中或课间休息玩耍期间，害羞儿童可能会表现得非常紧张、焦虑和沉默寡言（见第五章）。但在舒适、熟悉、可控制且相对安全的家中，在和家人及亲密的朋友相处时，这个孩子也许更为外向，且有更多人际互动。一个极端的例子就是临床上的选择性缄默症现象。这是一种相对少见的焦虑障碍类型。被诊断为此症的儿童尽管在某些场合（例如，在家中）表现出相对正常的说话模式，却持续地在一些特定的社交场合（例如，在需要孩子发言的学校）无法发言。这种有差异的言语行为模式会在很长一段时间内(例如,在很多儿童都不太愿意说话的入学第一个月及以后)存在。当听到教师说自己的孩子在学校从不发言时,选择性缄默儿童的父母会觉得很震惊。与此同时,父母经常目睹孩子在不同的情境下和不同的人(其中许多是陌生成人)互动的模式。而教师通常只能观察到儿童与其他儿童的互动情况。虽然他们两者所处的观察情境都包含潜在的压力性社交,但对害羞儿童来说,这些情境是不同的。而且,父母的在场也给儿童提供了在教室情境里不太会有的舒适和放松(回忆下本章开始我们讨论过的依恋)。

第二个父母和教师意见分歧的原因在于害羞的本质。我们已经了解到,害羞大多发生在个体的内部(例如,想法、感觉、动机)。特别是随着年龄的增长,儿童可能越发善于隐藏自己内心的状态。这也从一个方面解释,为什么父母和教师对儿童害羞的评分经常会与孩子的自我报告有出入。

尽管如此,一些有意思的研究表明,深入了解这些评分差异是有意义的。例如,安德烈娅·斯普纳(Andrea Spooner)和玛丽·安·埃文斯(Spooner, Evans, & Santos, 2005)对比了儿童对害羞的自我评价和来自父母及教师的评价。样本中超过四分之一的儿童认为自己是害羞的("你认为自己害羞吗?"),而且他们在害羞的自我报告上得分较高。但这些儿童中的三分之一被父母或教师看作低于害羞的平均水平。也就是说,在三个这样的孩子中,有一个并未被父母或教师看作害羞的。值得注意的是,这些自我评价和他人评价不匹配的儿童,相比其他的害羞同伴,有着较低的自我感觉(低自尊)和对学习能力的信心(较低的学习能力评价)。这些研究者认为,有着隐藏害羞的儿童,也许没有得到父母和教师足够的支持与帮助。

如何与害羞儿童的父母交流：给教师的建议

基于我们在本章中学到的，教师可以如何与害羞儿童的父母更好地沟通呢？从发展心理学文献中，我们得到以下几条信息：第一，不同的父母对待害羞孩子的方式是不同的。第二，对于一个孩子是否害羞这个问题，父母和教师的回答往往不一致。这是因为，在学校表现出害羞的儿童，可能在家里并不如此（反之亦然）。教师在与害羞孩子的父母沟通时，请记住以上重要信息。

在与和孩子一样害羞的父母沟通时，教师应当明白，这些父母可能很担心孩子的状况。害羞的父母也许会过度认同孩子的害羞，也会激发他们想要避免孩子经历自己在成长过程中曾经体验过的困难。尽管心怀最美好的意愿（重要的是教师应该理解和承认这点），害羞父母可能还是会由于过分保护孩子而不经意地使局面变得更糟糕。面对这些家长的一个好方法是，先和他们讨论在班级范围内与独立及个人成就相关的目标。这个目标因儿童年龄而异，可以和独立阅读的能力（低年级小学生）或独立完成课题研究（高年级小学生）相关。与父母以这样的方式开始交流，向他们传递了培养所有儿童独立性的重要性；这一理念不会将特定的儿童或父母排除在外。这样的初始信息可以自然地引入讨论：通过独立性训练，给予孩子锻炼自己社交技巧的机会，以及通过额外的新挑战机会（例如，学习阅读的机会）来获得个人成就。

当与非害羞父母对话时，教师应意识到这些父母可能很难理解自己孩子的害羞行为、想法和情绪（因为孩子对待周遭的方式和家长差异巨大)。这样的话,如果非害羞父母对自家害羞孩子的困境不那么敏感,那么他们可能会紧逼孩子改变现状。虽然与害羞父母和非害羞父母谈话的初始阶段是一样的,但所用的语气会不同。在专栏 3-1,我们罗列了教师可以推荐给父母的三本有关害羞的优秀读物。

专栏 3-1　推荐给害羞儿童和焦虑儿童父母的三本书

- 《沉默不是金:帮助害羞儿童的策略》(*Silence Is Not Golden: Strategies for Helping the Shy Child*, Christopher Kearney, 2011, Oxford University Press)
- 《抚育害羞孩子:自信心和社交能力培养的实践指南》(*Nurturing the Shy Child: Practical Help for Raising Confident and Socially Skilled Kids and Teens*, Barabara G. Markway & Gregory P. Markway, 2006, Thomas Dunne)
- 《养育焦虑儿童的关键》(*Key to Parenting Your Anxious Child*, Katharina Manassis, 1996, Barron's Educational Series)

前两章,我们从天性(例如生物学、遗传学)和教养(例如,家庭教育)的角度探索了害羞的发展,下一章将讨论为什么我们可能需要担心害羞的孩子,或者不需要担心。

第四章
害羞对儿童发展的利与弊

一个有关勇敢原始人和害羞原始人的寓言

很久很久以前，有两个穴居原始人。其中一个原始人大胆无畏。有一天，他坐在自己的洞穴里，感到饥肠辘辘。他毫不犹豫地拿起矛，充满信心，抱着极大的热情阔步走出洞穴，但很快就被埋伏在附近的剑齿虎吞食了。他在没有孩子之前就去世了。

另一个原始人害羞、胆怯。当感到难以遏制的饥饿时，他一步一步、小心翼翼地向洞口挪动。但听到树丛在风中沙沙作响时，他赶忙撤回了。之后，当他再次尝试并快要迈出洞口时，不知什么东西的黑影在他头顶飞过，他又一次撤回洞内。几次尝试失败后，饥饿令他日渐虚弱。最终他饿死了，在没有孩子之前就去世了。

前几章充分讨论了害羞的本质及其发展，现在，我们将更详细地考察它对儿童在学校及其他情境中的行为的影响。我们想要解决的基本问题是：我们应该为害羞儿童担忧吗？在本章的第一部分，我们将分析为害羞儿童担忧的一些普遍原因，以及在哪些具体情况下我们的忧虑会加重。例如，害羞儿童通常较少参与社交，更多独处，这对他们会有什么影响？当他们不可避免地要和其他同学互动时，同学们通常是如何对待他们的？与善于社交的同龄人相比，害羞儿童是否更容易产生焦虑和抑郁问题？简而言之，我们将研究发展心理学如何考虑害羞的潜在代价。

当然，许多害羞儿童在学校里并没有遇到困难，反而可能会茁壮成长。因此，作为对比，本章的第二部分将讨论为什么我们可能不需要为害羞儿童担忧。例如，从进化角度来看，在什么情况下，儿童的害羞具有适应性和价值？哪些具体因素会降低害羞儿童经历的风险，同时促进他们的成功？儿童的害羞有哪些积极方面？我们希望通过探讨害羞的利与弊，平衡地展现它对儿童发展的影响。

我们为什么会为害羞儿童担忧?

我们在很多场合会听到父母痛惜社会将害羞医疗化，将它变成一种病理或疾病。父母的这些担忧并不是毫无价值的，特别是一些药物广告将其卖点宣传为治疗羞怯和社交焦虑。考虑到这一点，我们必须明确表示，这不是我们认同或分享的观点。我们总是尝试与父母和教师澄清，害羞不需要被改变、治愈或解决。正如我们在这里所说的，害羞是一种气质，是个性的一部分，是令孩子成为他或她自己的一部分。

但是，日渐清楚的一点就是，我们有理由为一些害羞儿童担忧。正如我们将看到的，发展心理学研究表明，害羞会导致儿童潜在的问题行为、情感和体验。因此，为害羞儿童制定适当的应对策略显得尤为重要，这将使他们的害羞不会妨碍他们以促进自身福祉的方式进行社交。我们应该注意，不要散播类似“所有害羞儿童都有问题”这样的观点。这样的观点是不正确的。本书的目标是提供知识和提高意识，以便教师掌握必要的知识，将之应用到课堂实践中。基于此，让我们一起来了解为什么需要关注害羞儿童。

同龄人的积极作用

孩子们近一半的时间都是在同龄人的陪伴下度过的。专栏4－1的援引说明，发展心理学家一直以来都认为，同伴群体是儿童健康发展的一个重要而独特的环境。像其他重要的社会关系一样，同伴为儿童提供了在家庭环境之外的支持、亲密感和友情。然而，由于其特有的本质，同伴群体也是儿童在多个领域独特的学习来源。

专栏4－1　儿童和伙伴们

所有拥有孩子的人都确信，自己的孩子是爱自己的，这其实是一个令人愉快的错觉。当你的孩子在大约8岁半至10岁间终于找到一个好伙伴时，如果你仔细观察，就会发现，这种同伴关系有一种与众不同的元素，那就是你的孩子开始真正敏感于什么对他人来说很重要：不是我应该怎么做才能得到我想要的东西，而是应该怎么做才能为我朋友的幸福做出贡献，才能支持他/她的名誉和自我价值感。

（Harry Stack Sullivan，1953，p.245）

因为害羞孩子往往会觉得社会情境让他们压力很大，所以他们可能会寻求避免或放弃与同伴互动的机会。最终的结果通常是，害羞孩子花更少的时间与其他孩子说话、互动和玩耍。因此，如果害羞孩子持续地、越来越少地参与同伴交往，他们也同时错失了和朋友互动所能获得的益处。这里的益处指的是什么呢？其中许多益处都与同伴群体的特征有关，而这些特征使其与儿童及其他人（与父母、教师、教练和其他成人）的人际关系不同。

想象一下，一个5岁的男孩告诉母亲，他想带着他的玩具车去高速公路上玩。他可能会以一种非常有礼貌和充满尊重的方式提出这个请求，也许会提供巧妙而周密的论据来解释为什么要这么做。他也有可能会以幽默和协商的方式来极力说服妈妈。但是，无论他以什么样的技巧做这个请求，他都不会成功。事实上，必要的话，妈妈可能会限制他的行动，以防止他跑到繁忙的公路上去玩。然而，这个社交技能娴熟的5岁孩子有能力说服他的朋友一起去公路上玩玩具车！

正如这则轶事所暗示的，孩子和父母之间的关系更为纵向等级制。也就是说，与孩子相比，父母基本上拥有最终决定权。他们体格更大，更聪明，更有经验，拥有更多的技能和能力（即使他们并不总是这样认为）！更高的权利和地位为他们提供了对所有与孩子有关的事物的最终管理权，可能至少到青少年期。然而相反，从定义上说，同伴间的关系是平等的。因此，与亲子关系及儿童和其他成年人的关系相比，同伴关系在本质上更为横向平等，因为这种关系中的成员在身份、权利、技能和能力方面更加类同。同伴关系的平等本质似乎可以帮助孩子在这种环境下以不同于成年人的方式来学习。

有时，这种学习是以直接沟通的方式进行的。简而言之，同伴对儿童而言，显然是一种独特的信息源。随着年龄的增长，儿童和青少年越来越多地寻求与同伴相处。回想在你的成长过程，你是和谁分享自己最深的秘密呢？在第一次正式约会之前，你是向谁寻求建议的？在许多情况下，孩子们会跟同伴谈论他们可能不会与父母或其他成年人分享的事情。这不仅是一种信息交流源，也提供了亲密感、同理心和社会支持的资源。

同时，同伴极有效地传递着同伴群体内共享的规范、价值观和期望。随着时间的推移，许多孩子非常依赖从同学那里获得自己生活各个方面的信息，包括如何与他人交流（例如，表情、俗语使用）、外表打扮（例如，穿着、发型）以及当下什么是流行的，什么是不流行的（例如，听什么音乐，看什么电影，眼下社交媒体中什么最热门）。是这种在同伴群体里共享的、独特的信条造成了所谓的代沟。

同伴作为社会风俗、准则和传统的普遍提供者，彼此之间传递了直接和即时的、基于社会准则的反馈。毫无疑问，这种反馈意义重大。想象一下，一位母亲为她 11 岁的儿子新买了一条灯芯绒裤子。很多 11 岁的男孩一般不会特别在意自己的穿着或外表打扮。因此，这个男孩可能不假思索地就穿上这条裤子去上学了。然而，事实证明，当他走路时，这条裤子会发出奇怪的“呜呜声”。这种因摩擦产生的声音立刻引起了班上同学的注意。在经历了一天的被嘲笑和逗弄后，这个男孩很可能对他的母亲发誓说，无论如何，他以后都不会再穿这条裤子了。其实，他只是不想再受到同伴们的负面关注，已经做好接受妈妈的责备和惩罚的准备了。

同伴关系的平等是助益孩子思维发展逐渐成熟的一个关键因素。回顾第一章所述，幼儿是典型的以自我为中心的（也就是说，他们只能从自己的角度来看待周遭事物）。在儿童早期，克服以自我为中心的偏见是儿童的一个主要认知任务。同伴群体是挑战这种自我中心观点的理想环境。在教室和操场上的日常社交体验，让孩子们有机会了解他人广泛多样的观点、能力、信念和特征。这种交流有助于儿童了解充斥于他们社交圈子的各种好恶和不同意见。随着时间的推移，反复接触这些信息有助于消弭儿童的自我中心主义，促进儿童了解他人的各种观点，并获得换位思考的能力。

同伴群体也是儿童自我概念萌芽发展的重要领域。幼儿通常不善于通过与他人对比来判断自己的特点、能力、优缺点。例如，当被问到“你们当中谁跑得最快?”或“你们当中谁最聪明?”，整个幼儿班的孩子都可能会激动地举起手来。在第三章，我们提过“镜像自我”这个概念，也就是说，儿童自我概念的萌芽在很大程度上取决于重要他人是如何对待和回应他们的。加入同伴群体，为儿童提供了塑造他们自我发展的丰富而即时的信息反馈。这种反馈促进了儿童与同伴的比较；相对于成人，儿童和同伴更为相似，但显然也有重要而有意义的差别，这将促使儿童在相对宽泛的社会环境中发展思考自身独特性的能力。

因此，同伴提供给所有儿童独特的体验、社会接触和互动，都塑造了他们不断发展的关于自己和他人的社会观点。当然，当不同视角、优势和个性的个体彼此互动时，观点差异、意见分歧和直接冲突都会出现。然而，在许多情况下，这些相遇为儿童提供了获取和磨炼新兴社会技能的宝贵机会。事实上，与同伴在一起时，儿童才最有可能在合作、轮流分工、谈判和冲突解决中吸取终身受益的教训。同时，他们也能学习有用的交流工具来进行有技巧的、成功有效的社会互动。

像其他能力一样，掌握这种社交技能需要练习，练习，再练习！

这样一来，花费较少时间练习（即与同伴互动）的孩子可能在获得和掌握这些技能方面落后。此外，这种落后会不断累积。就像缺席了开学后三周的数学课，即使你最开始擅长数学，也会因为没法跟上现在的课程进度而落在后头。

同样，社交技能的缺陷也可能随着时间的推移而累积，并造成孩子越发难以和同伴积极互动。反过来，这将使他们在社交技能上的差距越来越大，进而导致他们更不可能参与最佳的互动，等等。由于这些情况造成的压力，许多害羞儿童已经倾向于退出或回避参与同伴互动。因此，为确保他们有充分的机会在同伴交往中受益，监控害羞儿童参与同伴互动的频率就显得尤其重要。尽管如此，正如我们在下一节将看到的，随着同伴互动量的增加，我们也要关注害羞儿童参与同伴互动的质量。

“棍棒、石头和话语都会伤害我”

学校是一个社会环境。对害羞儿童而言，遇见新同学，与同学们一起完成小组项目，在全班同学面前发言，以及接近操场上其他小伙伴，都是潜在的压力来源。许多害羞孩子会发现自己没有准备好处理这些压力，感到不知所措，并试图撤离和最大限度地减少与他人交往。随着时间的推移，这对儿童发展产生了不少令人担忧的影响。然而，即使试图避免直接的社会交往，在学校里，他们也难以避免总有同伴在身边。很自然地，这些同伴不仅被动地观察着害羞儿童的一举一动，而且可能常常给予害羞孩子负面的反应。

为什么同伴对害羞儿童有负面的反应？首先，害羞儿童的行为可能引起同伴不一样的注意。例如，如果你想在班上快速找出一个害羞孩子，那么最可靠的方式是寻找一个常常独处的孩子。一个常见现象是，即使在同伴面前，害羞儿童也可能经常独自一人玩耍。学龄前儿童的社会交往通常是简单且反复无常的，他们更有可能以平行的方式玩耍(平行是指彼此挨着，但不是在一起玩)，而不是真正的联合或合作游戏。因此，害羞的幼儿如果只是较少参与社交，那他们的行为在集体中并不那么显眼。

随着孩子年龄的增长，同伴互动的频率和复杂度都不断上升。正如本章前面讨论的，同伴互动也变得更加重要。出于这些原因，当同伴在场时，害羞儿童的独处行为就越来越显得违反了社会规范和期望。不可否认，个体在童年晚期参与同伴交往是众所期待的。我们(Coplan, Ooi, & Rose-Krasnor, 2015)在最近的一项研究中阐释了这一观点。我们观察了10—12岁儿童课间和午餐时间在操场上的社交行为，发现平均而言，孩子们超过90%的时间与一个或多个同伴玩耍或谈话。这就解释了为什么学龄儿童普遍认为，课间和午餐时间一人独处是最尴尬和丢脸的社交体验之一。

因此，随着时间的推移，害羞儿童的独处行为越发被同学认为是异常的。有研究认为，害羞儿童甚至在早期也更有可能不被同伴喜欢，受到排挤和欺负。这可能是因为他们不仅一个人玩，而且表现出其他行为，这让他们显得突兀，并引发同伴负面的反应。

正如我们曾经提到的，害羞儿童体验着内部动机冲突——想与他人玩耍的愿望与社交情境诱发恐惧/焦虑之间的冲突。因此，害羞儿童在社交情境中的一个常见行为是旁观(徘徊在正在玩耍的同伴周围，看着他们玩，却不加入)。同样，由于强烈的社交恐惧和不自在感，害羞儿童常常不知所措，有时候只是在同伴中无所事事，不是漫无目的地徘徊，就是两眼放空地发呆。同伴在场时儿童表现出的这种旁观和不参与的行为，被称为沉默行为。

一些研究结果表明，即使在儿童早期，同伴也不会积极评价沉默行为。例如，在一项研究中，我们向幼儿展示了一些假设情境下的故事片段。在这些片段中，同班同学表现出一系列常见的社会行为（Coplan，Girardi，Findlay，& Frohlick，2007）。我们了解到的是，与更善于社交的同班同学相比，幼儿倾向于认为片段里沉默寡言的儿童是不太受欢迎的玩伴。在另一项涉及真实同伴的研究中，陈欣银教授及其合作者观察并分析了4名彼此不熟悉的4岁儿童在实验设置的游戏室里是如何互动的（Chen，DeSouza，Chen，& Wang，2006）。他们发现，当一个孩子表现出沉默寡言时，其他孩子较少给予积极的回应（例如，认同并一起合作），却更有可能以拒绝来回应（例如，公开拒绝和表达分歧）。在学校环境下进行的另一项研究中，我们发现了类似的结果：儿童在学龄前的沉默行为，预测了他们在上学期间被同伴拒绝和其他社交问题（Coplan et al.，2008）。

所以，即使害羞儿童不直接与同伴进行互动，但他们的行为也可能招致负面的观点和回应。尽管害羞儿童较少发起社交，但他们并不是把所有的在校时间都用在独处上。然而，当他们直接与他人互动时展现的社交技能往往较低。研究表明，害羞儿童在与同伴相处时，表现出较少的积极和亲社会行为，他们不那么坚定自信，往往欠缺社交沟通技能。而且，害羞儿童的这些行为会贯穿整个童年期。例如，在一项研究中，古尼拉·博林（Gunilla Bohlin）及其合作者（Bohlin，Hagekull，& Andersson，2005）发现，儿童4岁时表现出的害羞，预测了他们4年后较低的社交能力和受同伴欢迎度。在另一项纵向研究中，伊娃莱尔·卡雷沃尔德（Evalill

Karevold)及其合作者(Karevold, Ystrøm, Coplan, Sanson, & Mathiesen, 2012)报告,幼年时期的害羞预测了青少年时期较低的社交技能。

同时,一些研究者具体分析了害羞儿童的友谊。朋友对儿童发挥着多方面的积极作用,是他们获得支持、滋养、亲密感和友情的重要来源。好消息是害羞儿童和其他人一样,都有可能在班上有一个亲密朋友,但并不是所有的友谊都一样——害羞儿童的友谊质量似乎较低。

鲁宾教授及其合作者的研究(Rubin, Wojslawowicz, Rose-Krasnor, Booth-LaForce, & Burgess, 2006)认为,害羞孩子倾向于形成两两之间的友谊,而且与容易被欺凌的孩子做朋友。相比善于社交的儿童,害羞孩子与朋友之间的亲密度较低,彼此的引导和帮助较少,解决冲突的能力较弱。这种模式可能早在学龄前就已开始,这也就意味着,他们的友谊和同伴关系可能长期都不太乐观,而且如本章前面讨论的,这样的关系质量可能不利于其社交技能的发展。

他们的社交困难可能部分是由于社交能力不足所致。这与我们之前谈及的"熟能生巧,不熟不巧"一致。但也有研究认为,即使害羞儿童知道在社会情境中要说些什么、做些什么,他们也可能无法通过言行表现出来。这体现的更多是行为表现的缺陷。害羞儿童可能因为太害怕或不自在,或对自己的社交能力不自信,而无法实施有技巧、有效的社交策略和行为。

遗憾的是,不论根本原因是什么,害羞儿童的行为表现(以较弱的社交技巧、独处和顺从听话为特征)都因为可能招致被欺负而令人担忧。事实上,一些研究表明,最常被同伴欺负的孩子的社交和领导技巧较低，他们更退缩和顺从（Perren & Alsaker，2006）。由于害羞儿童不太可能反抗，他们也容易成为被欺负的对象。

低质而又量少的同伴关系使得儿童在社交、情绪和学业方面面临多重风险。这给了我们充分的理由去密切关注有社交困难的孩子。这个问题对害羞儿童来说尤为重要。海迪·加塞列（Heidi Gazelle）和加里·拉德（Gary Ladd）的研究发现，害羞儿童特别容易受到持续的同伴关系困难的负面影响（Gazelle & Ladd，2003）。在这项历时五年的纵向研究中，学前班的害羞儿童在长时间被同伴拒绝后，直至小学四年级都稳定地表现出害羞。而且，在所有儿童中，他们最有可能发展出抑郁症。

有一些证据试图解释，害羞儿童应对压力性同伴互动时的典型策略可能导致了他们的脆弱和易受伤害。在一项研究中（Kingsbury，Coplan，& Rose-Krasnor，2013），我们询问了 9—13 岁孩子和朋友争吵或打架时使用不同应对策略的可能性。害羞孩子更有可能自我报告使用聚焦情绪的策略，即以回避和反复思考为特征的应对策略（“一人走开独处”“为此哭泣”）。反过来，频繁地使用聚焦情绪策略的儿童有着更多的焦虑和抑郁情绪。

总之，基于害羞儿童在同伴群体中的体验，所有这些都令我们对这些儿童有不少的担忧。这个领域显然值得学校教师关注。第八章将具体讨论教师们可以用哪些策略来促进害羞儿童更积极的同伴交往体验。现在，我们来关注害羞孩子的消极同伴交往伴随或导致的一些坏情绪。

感觉不太好

在上学之前，害羞儿童已经有很强的恐惧感、不自在感和焦虑。课堂中体验到的压力和可能的消极同伴体验，可能进一步加剧儿童已有的不良感觉。许多研究已经发现，从幼儿期到青春期，害羞和消极的自我概念、消极情绪（包括孤独感、焦虑、悲伤和其他内化问题）之间的正相关。

自我怀疑、缺乏信心、不自在感和担心他人如何看待自己，会导致害羞儿童对自己感觉很糟糕。例如，一项研究（Crozier, 1995）发现，相比其他善于社交的同龄人，害羞儿童整体自尊水平较低，对社交和学业能力有更多负面的自我感知。需要注意的是，害羞儿童不仅对自己的社会能力评价消极，而且会将这些负面观点扩展到其他领域，例如，学业能力自评方面。这些观点会引发更低的自我价值评价。此外，幼儿一般都倾向于高估自己的能力，但害羞儿童的消极自我评价似乎在儿童早期就开始了。我们一项有关4—5岁儿童的研究发现，最害羞的那些孩子，往往对自己的体能和学业能力评价最低（Coplan, Findlay, & Nelson, 2004）。

不难想象，为什么害羞儿童即使身处同伴群体中也可能依然感到孤独。正如我们描述的那样，尽管他们有意愿与他人玩耍，但最终与同伴的交往却越来越少。这是因为他们或者退出或回避社会交往，或者被其他孩子排除在社会交往之外。依据定义，孤独感代表我们希望的社交卷入度与实际的社交卷入度之间的差距。如果害羞儿童没能有足够的同伴互动来满足自己的社交希望和需求，那他们的孤独感和不满只会更加强烈。

综合所有研究的结果，我们认为，害羞儿童可能会消极评价自己的情绪和在社交圈子中的地位。随着时间的推移，低自尊和孤独感会诱发更多的焦虑和抑郁感。这也许是童年期的极度害羞产生的最令人担忧的长期隐患。

越来越多的证据表明，童年期害羞对今后更严重的心理健康问题有实质性的威胁。童年期害羞对青少年期焦虑的影响是目前最为确定的。一些研究表明，极度害羞的孩子更容易出现非临床（指的是焦虑症状严重但未达到需要正式诊断的水平）或临床水平上的焦虑障碍。例如，安德烈娅·赫罗尼斯-图斯卡诺（Andrea Chronis-Tuscano）及其合作者（Chronis-Tuscano，Degnan，Pine，Pérez-Edgar，Henderson，Diaz，Raggi，& Fox，2009）的研究发现，从1岁到7岁就一直非常害羞的儿童，在后来被诊断患有焦虑症的可能性是其他孩子的4倍。

最大的隐患似乎是形成社交焦虑障碍（Clauss & Blackford，2012）。社交焦虑障碍诊断通常出现于青少年早期，但年幼儿童被诊断有此障碍的比例也越来越高。童年期社交焦虑障碍与许多负向发展结果相关，包括学业障碍、社会关系失调、拒绝上学、身心疾病、物质滥用、抑郁以及其他精神问题。总体而言，极度害羞的儿童之后被诊断患有社交焦虑比其他儿童高出7倍。

我们一直困扰于如何以最明智的方法呈现这些信息。一方面，这些统计数据相当令人担忧。社交焦虑是一种削弱型的心理健康问题，它严重干扰个体的日常生活，包括家庭生活、工作以及人际关系。有着社交焦虑的人也更容易有抑郁倾向。另一方面，尽管社交焦虑有着如此普遍和破坏性的影响，但诸如污名化和治疗成本等障碍令大多数社交焦虑患者无法得到有效治疗。因此，我们不希望弱化鉴别和帮助害羞儿童的重要性，因为他们日后可能会发展、形成严重的心理健康问题。

不过，我们也要指出一个重要的对立观点：尽管童年期害羞会影响个体日后的发展，但这种影响并不是固定不变或持续负面的。

其实,有许多因素有助于儿童整体的发展福祉。我们必须在特定的情境中理解上述研究提到的概率和隐患。事实上,纳森·福克斯(Nathan Fox)等人(Fox, Henderson, Marshall, Nichols, & Ghera, 2005)就曾强调,至少有一半极度害羞的儿童并不会体验到焦虑问题。基于此,我们现在来更加明晰地探讨不需要担心害羞儿童的一些原因。

我们为什么不用为害羞儿童担忧?

正如我们在第一章提到的,超过80%的成年人认为自己一直或者曾经是害羞的。然而,大多数报告自己在孩童时期曾经感到害羞的成年人感觉自己各方面都很不错。那我们该如何调和害羞的本源性质与它可能会带来的发展隐患之间的矛盾呢?尽管很困难,但我们在本章还是努力想要达成这个平衡。

基于之前我们已经探讨的原因或其他可能的原因,我们需要担心部分害羞儿童,而不是所有儿童。事实上,某些情况下可能恰恰相反。一些害羞儿童在学校茁壮成长,并可能获益于这一人格特征。因此,我们现在一起来探讨害羞的积极面。

适应性的害羞

首先,让我们回顾一下本章开头讲述的那个关于原始穴居人的寓言。该寓言从进化的角度描述了害羞—大胆这样的人格特征,当然,这个寓言本身在很大程度上是过于简化的。尽管如此,其目的在于阐释大胆勇敢的人有时可能会因为过于无畏而身处危险;相反,害羞的人有时可能因为过于害羞而错过重要的机会。因此，这个故事的寓意在于，我们中的大多数人并不是极度害羞或大胆的，这对人类来说也许是一件好事。

进化主要考虑的是某一个物种在性状和特征上的适应性特质。适应性特质促使一部分拥有这种特性的生物体具有生存优势。更长的存活时间为这些有机体提供了更多交配和将这种优势特征传递给下一代的机会。长颈鹿就是一个典型例子，说明了在进化过程中为什么它们有了更长的脖子。带有长颈基因的长颈鹿，比其他短颈的兄弟在获取食物上更有优势，因为它们能够着更高的树木，吃更多的叶子。随着时间的推移，这个觅食优势使得这些拥有长颈的长颈鹿有更高的存活率和更多的后代。这一长颈特质慢慢进化，直到最终成为这个物种的常态。

你可能预料到了，当我们讨论的是人格特质的普遍适应性价值和那两个原始人的故事时，事情就变得复杂了。在不同的情况下，大胆无畏和害羞可能都是有利的。例如，大胆的那个穴居人可能在需要争夺稀缺食物等资源时，更受青睐并获得成功。一些动物研究为我们的推断提供了支持性证据。例如，一项研究（Boyce，O'Neill-Wagner，Price，Haines，& Suomi，1998）观察了拥挤对一群恒河猕猴的影响。在正常的生活条件下，这些猕猴相安无事，而且害羞和大胆的猕猴受伤率都相对较低。但当两者都处于压力水平更高的情境（这里指的是过分拥挤的监禁状态）中时，不断增加的冲突导致害羞的猕猴受到最多的肢体伤害。

相比之下，害羞的穴居人可能更擅长避开捕食者。在高隐患的环境中，三思而后行是很有价值的。而且，在某些社交情境下，害羞有着积极的适应功能。例如，研究者克里斯蒂娜·科隆内西（Cristina Colonnesi）发现，一些害羞的行为表现（例如，一个腼腆的笑容，包括微笑、避免眼神交流和微斜着头）能缓解压力环境中（如遇见一个陌生人）的紧张气氛（Colonnesi，Napoleone，& Bögels，2014）。这是因为这些行为反应通常被认为是非威胁性和亲社会的，并因此容易赢得他人的信任。

关键在于，人类是在不可预测且又快速变化的复杂环境中进化的。由于这些原因，人类群体生存和持续适应的最佳方式，就是成员中有着不同程度的害羞以及大胆无畏。因此，从进化的角度来看，害羞本质上既不好也不坏。它在不同的环境中都有优势和劣势——最佳的情况是人类（包括儿童）在害羞的各个维度上有着不同。

害羞但适应良好

鉴于童年期害羞与多种发展结果相关，发展心理学家一直试图揭示随着时间的推移，是什么原因导致了一些害羞孩子比别人发展得更好。有一些保护性因素能消减先前讨论的隐患对害羞儿童造成的影响。识别不同领域自然形成的保护性因素，也有助于我们了解早期干预和预防工作在哪些领域行之有效。

在第三章有关教养的内容中，我们看到一些这样的例子。父母的温情和支持以及适当的鼓励和激励，在改善害羞儿童的社交能力方面特别有帮助。同样，积极的亲子依恋关系也能减轻害羞孩子的内在恐惧，并鼓励他们大胆进行社会性探索。

这一类研究促进了针对极度害羞儿童的年轻父母的教育和培训的发展。例如，罗纳·劳佩（Ron Rapee）及其合作者（Rapee，Kennedy，Ingram，Edwards，& Sweeney，2005）向一组极度害羞幼儿的母亲呈现了一个包括 6 个部分的项目，这个项目涉及焦虑是怎么形成的，帮助家长管理焦虑的技巧，以及家长管理自身焦虑的技巧。另一组同样害羞的幼儿母亲作为对照组，不参与这个项目。一年后，实验组（母亲接受了项目训练的组）儿童比对照组儿童焦虑显著减少。一项后续研究（Rapee，2013）显示，这个简短的针对害羞幼儿家长的早期干预项目，在 11 年后儿童进入青少年中期时仍然有效！

其他研究则聚焦于提升害羞儿童心理弹性的个人特点和能力。这个观点是基于这样的思路，即一些特质能促进所有儿童的积极发展，但对害羞儿童的身心健康却特别关键。在语言技能领域有一个很好的例证。在一系列研究中，我们试图探究语言（例如，词汇、语用）和沟通能力对害羞儿童的保护作用（Coplan & Armer，2005；Coplan & Weeks，2009）。我们发现，虽然对所有儿童而言，语言技能总体上与积极的社交结果相关联，但他们对害羞儿童却起着特别重要的作用。对于语言技能较好的儿童，他们的害羞与诸如同伴排斥之类的消极结果没有关联。

从这个角度出发，如果你很外向、精力充沛，当你想跟某人说话，即使对正确的词语无法总是信手拈来，也不会影响你和对方的交流。你可能会尽最大努力，让对方明白自己说的话。相反，如果你很害羞，而且还不善于语言沟通，那这两点会使你的社交情境变得特别糟糕。但是，如果害羞的你惴惴不安地进行社会互动，想象一下拥有语言天赋对你会有怎样显著的帮助。语言这个重要的社交工具，可以大大提升你的社会互动。

与此同时，研究人员还鉴别出其他与语言技能一样有助于害羞儿童和青少年的特质。例如，一项研究发现，亲社会性特征（例如，合作性和善于倾听）能特别有效地提高同伴群体对害羞儿童的接受程度(Gazelle，2008)。而另一项研究发现，良好的幽默感能帮助害羞青少年(特别是女孩)拥有更好的同伴关系(Markovic & Bowker，2015)。我们将在第七章中看到，这种类型的研究已经激发了许多针对害羞儿童的社会技能培训项目，这些项目的初步结果都是相当不错的。

害羞的积极面

在本章的第一部分，我们看到，越来越多的证据表明，害羞与消极的儿童发展之间存在关联，我们有理由为害羞儿童担忧。但是，正如我们在本章后半部分看到的，许多害羞孩子适应良好。综合以上所有研究，我们需要注意，害羞不能解释孩子的全部——它只是人格的一个方面。

此外，正如我们看到的，他们人格的这个方面也有一些优势。害羞儿童善于倾听，容易接近，让人觉得平静。他们可能对环境更敏感，这帮助他们更关注细节和更有洞见。害羞儿童也可能从独处中获益。独处活动可以提高他们的创造力、掌控力和工作效率。独处也提供了审视自我和自省的宝贵机会。历史上有过无数非常成功的思想家(查尔斯·达尔文、阿尔伯特·爱因斯坦)、领袖(亚伯拉罕·林肯、圣雄甘地)和创作者(卢德维格·范·贝多芬、安迪·沃霍尔)，他们“从小就是害羞的”。的确，正如我们将在下一章所见，有一些原因使得害羞特质在班级中是有益的。

第五章
班级里的害羞儿童

个案研究　外表安静，内心喧闹

在六年级的数学课上，老师在黑板上复习一道复杂的例题，胡安(Juan)静静地坐在班级的后排。然而，在胡安的头脑里，一切并不平静。他担心的是，如果老师突然点名让他回答问题，他该怎么办？

即使胡安还是比较擅长数学的，他也担心自己不知道怎么回答老师的问题，或回答时过于紧张。如果老师因此生气怎么办？老师会觉得自己很笨吗？自己会因此得低分吗？如果脸红时，班上同学都朝他看怎么办？同学们会嘲笑自己吗？朋友会因此不喜欢自己吗？这是否意味着今天午餐时，没有朋友愿意和自己坐在一起？

当老师擦拭黑板并宣布下课时，胡安脑中涌动着的思绪才得以中断。胡安低头看看他面前的笔记本，才突然意识到自己没有做任何笔记。

如该个案所示，害羞以微妙的方式影响着儿童在课堂上的体验。同时，虽然害羞儿童可能表面看起来平静或挺好(甚至完全不被他人注意)，但他们内心的感觉可能很不一样(担心接下来会发生什么，教师是否会向他们提问，午餐时间和谁同坐等)。内心深处波澜起伏的想法和情绪，对害羞儿童在课堂上的体验有重大影响。

基于我们对害羞及其发展的了解，害羞儿童的行为和学业表现显然不同于那些不那么害羞的同伴。理解害羞儿童在课堂上的行为表现特别有用，这样教师更容易识别出这类儿童。事实上，许多教师本人并不害羞，因此他们也许难以明白某些行为的根源在于害羞的特质。例如，当教师问一个孩子："是不是你拿了乔伊(Joey)的铅笔？"这个孩子低垂着头，看起来很内疚。其实，他只是害怕得到教师的负面评价（而且同伴也可能在一旁看着）。

在本章中，我们重点关注害羞儿童在课堂上的典型体验，对他们而言，课堂情境是特别有压力的。我们首先讨论为什么课堂环境让害羞孩子觉得特别耗费精力。然后，我们将探讨在课堂上，害羞儿童的情感、思维和行为是如何影响他们的学业成绩的。正如我们在上一章看到的，课堂里的害羞儿童有着潜在的优势和劣势。

为什么课堂情境对害羞儿童有压力？

我们可以合理地认为，教师期望教室里的孩子们都能适应课堂这个独特环境的需求。然而，我们普遍的教育方法和教育学的许多共性部分在设计时并未将害羞儿童考虑在内！基于我们已经了解的害羞儿童的气质、生理特征和思维过程，不难想象令他们紧张的学校体验和学校环境对他们的要求各是什么（Coplan & Arbeau, 2008; Kalutskaya, Archbell, Rudasill, & Coplan, 2015）。专栏 5 - 1 罗列了部分学校体验。

专栏 5-1 学校里诱发儿童害羞的典型情境

- 结识新朋友,进入新的社会环境(例如,入学第一天);
- 学校里有大批的同学;
- 展示说明活动(一种课堂活动);
- 成为关注的焦点;
- 在课堂上被点名;
- 在他人面前演讲;
- 受到表扬;
- 被其他孩子邀请一起玩游戏;
- 与权威人士进行互动;
- 与异性伙伴(或可能的浪漫关系伴侣)互动;
- 寻找团体或伙伴一起参与课堂活动;
- 午餐时间与同学坐在一起。

对许多孩子来说,课堂是一个严苛的环境。在课堂上,教师对儿童的普遍期待是,听教师的话,按他们的指示行事,与同伴一起就学业目标和社会目标展开互动。因此,课堂是一种社会环境。正如我们所看到的,仅仅是同伴的存在,就是害羞儿童的潜在压力源。此外,课堂上教师和同伴的一个共同期望是,孩子们会通过语言交流参与课堂活动。这可能包括:在全班同学面前回答问题,演讲,与同学小组合作,当有需要时和教师交流(如询问有关课程内容或指导的问题)。然而,许多期望对害羞儿童来说,都是特别难以达到的。这是由大多数小学课堂的内在特征——持续的变化和新奇事物、时刻在场的同伴和威严的教师(这些都让害羞儿童紧张、害怕)——导致的。

新事物会让人害怕

害羞儿童通常在熟悉和可预测的环境中感到最舒适。尽管教师们努力建立课堂常规,但典型的小学课堂仍然是害羞儿童常规接触新人和陌生情境的地方。正如我们所看到的,新奇事物是害羞儿童警惕和不安的一个触发源。这种现象在新学年伊始尤为明显。进入一个新班级通常是接触多种压力源的开始,包括接触新教师、新班级、新同伴、新规则、新程序和新期望时的陌生感和不确定感。而且,很多害羞孩子可能只是慢热型(正如我们在第一章讨论的),但他们慢热的时间却有不小的个体差异。例如,有些害羞孩子需要几个小时慢热,但对其他害羞孩子来说,可能需要几天甚至几周时间。这些问题在儿童进入学前班或转到新学校时最令人困扰。然而,到任何一个新班级,或者遇见任何一个新教师(即使身边有很多熟悉的同伴),对害羞儿童来说,可能都是特别有压力的。

随着新学年的推进,害羞儿童在班级里仍然可能面临许多新的情境和体验。例如,班级里的社会情境可能会随着代课教师或新同学(或新换教师)的到来而改变。每日例程可能会有变化,例如,在教室而不是午餐室吃饭。教师可能会期待儿童完成一个小组项目,并向全班同学展示;或期待儿童习得一些新的、有难度的知识,例如,图解句子。全班可能集体外出进行实地考察,并由不熟悉的教师陪同。儿童可能需要在全校师生面前展示一些班级作品。这些新体验可能给害羞儿童带来或多或少的压力(一些孩子最担心的是换了一位新教师,另一些孩子更多地担心要学习新课程,还有一些孩子则担心在全班同学面前发言)。此外,教师需要让班级氛围既活泼又有启发性,班集体常常在整个学年中都会持续变化。因此,通常要营造出一个充满活力的班级氛围(鼓励孩子们努力!邀请嘉宾给同学们演讲!让孩子们分组工作!)。但对害羞儿童而言,这样的环境会牺牲他们的安逸和舒适,而在可预测和熟悉的家庭环境中,有更多的安逸感。

因此,在课堂里,变化和新奇事物是不可避免的,而且在开学之后继续并经常发生。这意味着,对许多害羞儿童来说,学校环境带来的压力并不会在开学几天或几周后消失。这一点在萨拉·里姆-考夫曼(Sara Rimm-Kaufman)和杰尔姆·卡根(Rimm-Kaufman & Kagan, 2005)的研究中得以充分阐释:他们持续观察幼儿班(类似中国的学前班)里孩子们的行为,发现害羞孩子的行为(例如,比不害羞孩子话少)在数月内都相当稳定。其他一些研究结果也支持了这一观点。例如,正如我们在第四章中看到的,整个学年,害羞儿童在同伴互动中都表现出退缩的倾向。因此,害羞孩子对课堂环境的害怕不只表现在新学年伊始,更可能贯穿于整个学年中环境变化的时候。

其他孩子也让人害怕

对害羞儿童而言,班集体带来的核心压力之一是,大多数课堂活动都是有同伴在场时发生的。事实上,即使他们已经和同班同学很熟悉,经常彼此陪伴,这些同学仍然可能是害羞儿童的压力源之一。因此,仅仅是同伴的存在就可以令害羞孩子感到害怕。这些孩子常常过分担心别人是如何看待他们的,并且容易感到不自在。他们可能因此不愿意在全班同学面前回答问题或者发言。

在第四章中，我们讨论了害羞孩子体验到的同伴关系困难可能会强化他们在班级里体验到的焦虑、孤独感和压力感。这是因为他们与同伴相处得不好，或者没有得到同伴的支持。

在有教师带领的全班活动或大组活动中，害羞儿童与他人在参与班级活动上的行为差异最为明显。这与害羞儿童在一群人（有人关注自己时）面前会感到不自在的说法同理。事实上，善于社交和大胆（即不害羞）的孩子在大组或者全班同学面前发言的概率，几乎是害羞儿童的两倍。基于课堂固有的社会和动态本质，我们很容易理解这个环境可能对害羞儿童并不友善，而且会增加他们的压力。此类常见场景之一，就是幼儿班里孩子们进行展示说明的环节。我们从害羞孩子的角度来想象一下这个场景，显然，这对这个孩子来说，就是一场噩梦！

现在是一年级儿童的展示说明环节。大多数孩子都感到很兴奋。在这个环节中，孩子们有机会从家里带来一样特别的东西（一个玩具、一张图片或一个纪念物品），向班级同学展示并说明为什么它很特别。教师通常要求每个儿童都参与，这意味着他/她不仅要询问其他孩子带来了什么东西，而且自己需要带一样东西来和大家分享。虽然这个活动很吸引人，而且教给孩子一些重要的技能，如轮流、提问、表达兴趣和倾听，但是它具有的一些特征使之对害羞儿童而言，是独一无二的压力活动。这个“有趣”的活动包括：(1) 面对一大群同伴（他们的存在本身就是压力源）；(2) 站起身成为大家关注的焦点；(3) 需要在大家面前发言（包括回答教师的问题）；(4) 被教师观察和评估。这些压力足以让最害羞的儿童完全停止任何活动。这个“可怕”的活动也因此常常让害羞的孩子不是小声地说、简略地说，就是根本不说话。此外，教师面对害羞孩子的沉默，做出的回应常常是询问很多后续问题（这使得他们脑海里一连串的高压问题更多了），或者表现出不耐烦或沮丧。如此这般体验对害羞儿童来说是很痛苦的，进而可能加深他们对学校、同伴、教师和班级已经感知到的焦虑。

教师也是令人害怕的

教师是儿童课堂环境的基石，也会令害羞儿童感到害怕，因为他们是权力、权威和评价的来源。的确，对一些害羞孩子来说，他们压力的主要来源是教师，而不是同伴；在这种情况下，儿童的害羞迹象可能不太容易被识别。曾经有一位母亲举了一个很好的例子，来描述她女儿在学校的一次经历。这个女孩总体来说很合群，而且经过一小段时间的慢热过渡，她通常很容易交上朋友。然而面对成年人，尤其是面对某些特定的成年人时，她常常感到相当紧张。大体上，这似乎与这位权威人士的职位（例如，作为她的教师）有关，但也受到该成年人的特征（例如，该成年人与她互动的方式）的影响。因此，当教师是亲切友善的时，这个女孩就不那么胆怯，而且更容易放松（尽管她可能还是有点担心教师的负面评价，也永远不希望教师负面地看待她）。当教师很严苛时，她就很胆怯，而且表现出所有我们可预料到的害羞表现，如避免眼神接触，少言寡语。正如我们将在下一章中看到的，害羞儿童面对教师时的行为，可能导致不那么积极的师生关系和较负面的教师态度。

教师具有的特殊地位（也许正因为如此，他们才在儿童生活中有着举足轻重的作用）就是他们一直负责以正式（例如，测试）和非正式的方式评估儿童。因为害羞儿童往往过分关心别人如何评价自己，教师可能因此成为他们胆怯和压力的根源。然而，教师一般都会期待儿童有问题或困难时去找他们，而且鼓励儿童通过与他人分享和传递信息的机会参与课堂活动（例如，展示说明活动、同伴共读活动以及小组项目）。但是，设法让害羞儿童发言，尤其是在听众面前，似乎导致他们更加不愿意发言。正如我们前面指出的，由于多种原因，展示说明活动会令害羞儿童感到很痛苦，很难堪。

研究者玛丽·安·埃文斯对展示说明活动中的害羞和非害羞儿童进行了大量观察（Evans & Bienert，1992）。她发现，当教师的风格是强控制型的——以反复询问、质疑为特征，害羞儿童几乎不怎么发言。相反，当教师属于低控制型——以较少提问和使用更多说明性评语为特征，害羞儿童则更频繁地发言。考虑到这一点，我们将在第八章中了解到，教师可以用一些具体的技巧来提升与害羞儿童的关系，并促使他们在课堂上更加踊跃地发言。既然我们已经明白了为什么课堂对害羞儿童来说特别有压力，现在就来看一下害羞是如何影响儿童在学校的学业成绩的。

害羞与学业表现

害羞与智商无关。也就是说，目前没有任何研究证据表明，害羞儿童和非害羞儿童在智商方面有所不同。然而，有一些研究表明（例如，Coplan & Evans，2009；Crozier & Hostettler，2003；Hughes & Coplan，2010），害羞儿童的学业表现总体上相对较差。其中原因似乎相当复杂。例如，考虑一下害羞儿童在班级里的常见表现。如专栏 5－2 所示，害羞儿童往往是安静的，甚至可能不愿意参加课堂讨论或活动。我们的一些研究表明，害羞孩子更少接收到由教师发起的互动。他们也可能在被教师点名提问时显得呆僵，通常不会主动对教师的问题做出回应（相反，他们会等待善于社交的儿童介入）。害羞儿童课堂参与的不足，可能导致他们受到教师较少的关注、指导和互动，这可能会妨碍他们的课堂学习。在下一章，我们会完整地讨论教师与害羞儿童。在以下各节中，我们考量了一些导致害羞儿童学业表现不佳的其他因素。

专栏 5-2　害羞儿童常见的在校行为

- 拒绝说话；
- 说话很小声或非常简略；
- 不会主动在班级同学面前发言；
- 避免眼神交流，垂头看地或看向其他地方；
- 脸红；
- 脸部或颈部出现一片片红疹；
- 弓腰蜷缩；
- 看着其他孩子活动但不加入；
- 在其他正在玩耍或交谈的孩子周围徘徊；
- 当有其他孩子在场时，独自玩耍或做自己的事，例如阅读（社交退缩行为）；
- 拒绝其他孩子发出的玩耍或交流邀请；
- 过度焦虑的行为，例如哭泣、咬指甲、玩自己的头发；
- 紧紧黏着父母、教师或其他令自己感到安全自在的对象。

难以参与课堂活动

除了减少与教师的直接互动，害羞儿童无法或不愿参加课堂活动也会妨碍他们在课堂上习得重要的技能和知识。课堂参与（表现出专心、兴趣和热情）是影响儿童学业成绩的一个至关重要的因素。事实上，一些研究结果表明，相比考试成绩，课堂参与能更好地预测儿童的学业成功。这是因为高参与度表明儿童拥有持久的、能发挥积极作用的成就动机。因此，儿童参与课堂教学活动的障碍，特别不利于儿童的学业成功。

课堂参与不足似乎是害羞与低学业成绩之间发生关联的重要机制。我们对小学高年级儿童的研究发现，教师认为害羞儿童较少参与学习活动，而且这种低参与度反过来又与较差的学业成绩有关（Hughes & Coplan, 2010）。如果我们回顾害羞儿童在课堂里的一些典型行为（例如，不愿意主动说话，避免与他人眼神接触，看着其他孩子活动但不加入），我们很容易认为这样的孩子好像完全不参与任何社交互动。事实可能正是如此！但这样的行为是要付出代价的。当儿童拒绝直接与同伴或教师进行课堂互动，他们也在降低自己学习体验的质量。

注意力

害羞儿童不那么积极参与课堂活动的一个原因，可能是他们没有集中注意。对于注意多动障碍（attention deficit hyperactivity disorder, ADHD）和其他注意缺陷的儿童，外界各种容易分心的事物（例如，走道上的噪声）都会使他们无法集中注意教师的教学指导。正如本章开篇的个案所示，对害羞孩子而言，各种分心更有可能来自他们的内心。这可能包括因自己可能被点名而紧张，担心课间休息时避免不了同伴互动，或是对其他社交或评估情境感到焦虑。这些都会导致害羞儿童无法参与课程学习。在课堂上的不自在感会影响孩子充分参与学习活动的能力。这种不适感可能发生在课堂讨论中、演讲中、与同伴互动中、回答教师的提问或其他令害羞儿童焦虑的情境中。当儿童感到受威胁或恐惧时，他们的注意力就自然而然地从手头上重要的学习任务转向环境中感知到的危险。

因为害羞儿童在课堂上常体验的紧张和焦虑会分散他们对学习任务的注意，害羞和漫不经心的儿童在学习上特别有困难。的确，研究表明，害羞和漫不经心比爱捣乱更影响学业成绩（Finn，Pannozzo，& Voelkl，1995）。这样的孩子可能无法快速地消化课程内容，而且由于他们常常回避向教师寻求帮忙，学业困难可能因此持续并恶化。还记得“嘎吱作响的车轮先上油”（最明显的问题要先关注）这句谚语吗？爱捣乱但又注意力不集中的孩子仍然能够在需要时得到教师的帮助。当害羞儿童遇到学习上不明白的地方，也不太可能会主动提问；当他们沉浸在担忧中无法集中注意时，他们也难以明白学习上的疑问。这样，他们会一直对学业问题感到困惑，甚至撤离班级这个学习环境。

然而，不同于注意缺陷对害羞儿童来说特别成问题，注意力的集中对他们能起到保护作用。注意力集中的孩子，即使面对极度压力，也能维持他们的注意力。这甚至可能成为一种用于应对课堂压力引发的担忧的方式。例如，害羞孩子在进入一个新的社会环境时，可以高度集中注意力，密切关注同伴互动。这将有助于他们较快确定以哪种安全和自在的方式加入同伴群体。

注意力高度集中的儿童，往往有着良好的社交技能，这对害羞儿童来说特别有帮助。例如，一项有关低年级儿童的研究表明，害羞且注意力集中的孩子往往在社交能力上得分更高（Rudasill &

Konold, 2008)。在这种情况下,注意力对害羞儿童有保护作用,可以帮助他们克服在陌生或紧张环境下的沉默寡言或担忧。此外,在一项系列研究中,纳森·福克斯及其合作者(Degnan & Fox, 2007; White, McDermott, Degnan, Henderson, & Fox, 2011) 发现,注意力(特别是转移注意力的能力)降低了害羞儿童形成焦虑问题的可能性。因此,他们认为,害羞儿童在注意集中和转移方面的能力使他们更容易不去关注潜在的压力源。当涉及学业时,良好的注意力似乎能使害羞儿童远离令他们分心的事物(例如,内在的压力和忧虑、他人评价或社会问题),并集中关注当下的情境(例如,教师的指导),从而更好地参与学习活动,并最终取得成功。

测试,测试!

另一个导致害羞儿童学习表现不佳的因素,是他们经常面临的测试情境(Crozier & Perkins, 2002)。虽然正式测试不是学业评估的唯一形式,但在小学课堂中却很常见。这种测试的评价和高压性质使得害羞儿童感到焦虑,并因此学业表现不佳。在芬兰的一项研究中,里卡·希尔沃宁(Rikka Hirvonen)及其合作者对小学一年级儿童的研究也发现了害羞孩子在测试情境中感受到的不适(Hirvonen, Aunola, Alatupa, Viljaranta, & Nurmi, 2013)。相比之下,儿童越害羞,他们在测试中越可能表现出焦虑和无助。

测试对害羞儿童学业表现的影响似乎与年龄有关。在年龄较小的儿童中,对他人评价的关注会影响他们的语言表达能力。因此,遇到需要语言表达(例如,词汇理解)的测试时,儿童的表现最有可能受影响。在这方面,当害羞儿童被要求大声朗读(在全班同学、教师或一个小组面前)、命名对象或讲故事(回顾我们提到过的展示说明活动)时,他们可能无法准确地展示自己的能力或掌握的知识。当孩子大一些时,对他人评价的害怕会延伸到其他过程,如解决问题、段落写作甚至投篮。因此,尽管害羞儿童长大一些后语言能力受到的影响相对较小,他们想要融入集体的愿望也有所增强,但是他们在很多任务中的表现仍然会受到负面影响。

还有一些证据表明,测试的情境和形式也可能发挥作用。在一个有意思的研究中,雷·克罗泽(Ray Crozier)和克里斯滕·霍斯泰特勒(Kristen Hostettler)测试了以下三种情况下害羞儿童与非害羞儿童的数学和语言能力:(1)一对一口头测试;(2)一对一书面测试;(3)团体书面测试(Crozier & Hostettler, 2003)。虽然我们可能会猜测,害羞儿童会由于团体的社会性特征,在这种情境中表现较差,但事实上,他们在这种情境中的表现与非害羞儿童一样。相反,当一对一且考官是成人时,害羞儿童明显比非害羞的同伴表现更糟糕。即使他们不需要进行口头测试时,结果也是一样的。

克罗泽和霍斯泰特勒认为,害羞儿童不喜欢被他人评价或成为注意的焦点,这会分散他们的注意力,以至于影响他们的临场发挥。即使旁人只是观看他们答题,害羞儿童也会觉得发挥受影响。我们需要更多的研究来深入了解害羞儿童面对不同测试情境时的反应。然而,这当然是教师在课堂教学中需要铭记于心的。

说一套,做一套

我们来考察影响害羞儿童学业成绩的最后一个因素,即语言技能。话少是害羞的一个核心定义特征。然而,害羞儿童一直被证明在语言和口语技能的标准化测试中表现更糟糕,这个差异早在学龄前就显现了。害羞儿童相对较弱的学业表现,从总体上来说,受到他们的语言和口语技能的影响。

我们想用几个理论来解释为什么害羞儿童在语言测试上的表现不如人意(Coplan & Evans, 2009)——这些理论在不同程度上也适用于我们在更宽泛层面上对害羞与学业表现的讨论。第一个理论,"熟能生巧"。这与我们在第四章中讨论的社交技能相似。因为害羞儿童面对同伴时感到焦虑,而且非常在意他人如何评价自己,所以他们参与的语言交流较少。这意味着他们较少有机会锻炼和发展自己的语言技能。随着时间的推移,越来越少的锻炼机会将导致他们语言能力的真正缺陷。这个简单的推论是有意义的;我们大家都明白,任何领域的技能都是熟能生巧的!

第二个理论,我们称之为"我知道,但不说"。也就是说,害羞儿童在语言知识上可能并不落后于他人,但是当需要时,他们却无法证明自己具备这样的知识。例如,在正式的评估中,需要在考官面前说话。这与我们先前讨论的害羞儿童在不同测试情境下的压力有关。害羞儿童在被他人评估时感到焦虑不安,这种焦虑会阻碍他们最佳的自我表现。这重新强调了本章的一个核心主题,请教师们记住:影响害羞儿童的也许是表现的不足,而不是能力的不足。

我们称第三个理论为"两鸟在林,不如一鸟在手"。这里要表达的意思是,害羞儿童往往在生活的各个方面,尤其在社交领域,都谨慎行事。因此,如果他们不太愿意冒险,他们更可能留下空白,例如,不回答某一道考试题目,而不是贸然地填上一个可能错误的答案。这个理论的基础是贯穿害羞儿童行为的一条共同主线：已知的总比未知的好。

最后一个理论叫作“大胆无畏更好”。这个理论将关注点从害羞儿童拉回到大胆无畏的儿童。也就是说，非常外向合群的孩子有着显著的语言优势。这个观点看似合理，而且与第一个“熟能生巧”理论一致。经常锻炼自己语言能力的孩子应该在这方面很擅长。这一点并不是指害羞儿童本身的语言能力糟糕，而是大胆的儿童在这方面更好。这似乎也适用于更大范围的课堂情境。大胆和健谈的孩子可能特别出挑，这就导致了害羞孩子不那么令人印象深刻。

害羞在课堂情境中的积极作用

我们已经看到，课堂环境的自身特征对害羞儿童的学业和社会行为有着深远的影响。在学业方面，害羞儿童的表现，尤其是在需要口头表达的语言评估上，往往不如非害羞同伴；而且，他们容易对自己的表现感到焦虑，这大大阻碍了他们展现自己的真实水平。他们不喜欢成为被关注的焦点，可能因为被挑选出来（即使是因为正面原因，例如，因正确回答问题而在全班面前得到表扬）而感到不舒服。他们也往往较少参与班级活动，一般不会主动和教师或同伴进行互动；可能因为他们在班级里沉默寡言，教师给予他们的指导会比给予其他同学的指导少一些。这样一来，课堂环境中社会属性和评价属性的结合，以及陌生感和变化的特征，导致了害羞孩子适应的困难。

但是，我们要重申在第四章中表达过的一个重要观点：并非所有害羞孩子在学校都会有适应困难。同样，教师和班集体并不总是消极地看待害羞行为。例如，害羞孩子不会扰乱教师的教学活动或其他班级活动。因此，尽管他们不太得到教师的关注，但也不太可能与教师产生消极的互动或受到惩罚。由于他们安静的风格，教师可能认为害羞孩子是“好孩子”，并认为他们是品行端正的。他们也不太可能会惹麻烦——害羞孩子几乎没有攻击性或暴力行为。事实上，害羞儿童似乎善于自控：他们安静地坐着，不会大声喧哗或扰乱课堂，遵循教师的指示。但他们往往要努力调整自己内心的焦虑和忧虑。高调节能力的害羞儿童在与教师和同伴互动时主动进行眼神交流，在课堂活动中主动发言，参与同伴社交，能够克服自身对社会评价的担忧，并在班集体生活中获得成功。的确，高调节能力的害羞儿童可能看上去并不害羞，也许并不需要你的特别关注！

总而言之，本章关注了课堂的特征以及这些特征如何给害羞儿童带来压力。具体来说，我们聚焦了课堂环境中陌生感和社会性给害羞儿童带来的困难。我们还讨论了他们在班集体中的一些典型行为，以及这些行为对他们学业成绩的具体影响。在下一章，我们将重点关注教师是如何看待害羞儿童并与他们互动的，以及他们与害羞儿童形成的师生关系类型。

第六章
害羞儿童与教师

个案研究　没有去了解你

今天是开学第一天，希拉(Sheila)老师打算在一天内记住自己五年级班里所有学生的名字。这并不容易，但是经验告诉她，当她记住大家的名字时，孩子们都反响很好。而且，当老师把记住大家名字的事放在首位时，孩子们会觉得自己受到格外重视。

迈克(Mike)走进教室，找到了自己的座位。他的座位靠近教室的一个角落，而且他一坐下来，就不挪身了。他几乎不怎么和其他孩子互动，也不和希拉说话。

希拉意识到，自己在一天快要结束时，几乎都没有注意迈克，也不知道他的名字。她尽全力才记住了迈克的名字。此外，希拉的脑海中几乎即刻就显现出那些喧闹孩子的名字。对于班上一些健谈的孩子，她甚至还知道他们的其他信息——这些孩子会主动与她分享自己的信息！

正是这种体验让希拉意识到，害羞孩子很容易默默无闻，并错过与班上老师和同学互动的机会。迈克的开学第一天和其他大多数孩子的非常不同，而这是他在任何新环境中的典型体验。

到目前为止，我们已经从儿童的角度讨论了害羞的各个方面。在这一章，我们将从教师的角度来讨论害羞。越来越多的研究表明，教师对害羞孩子的评价，与对其他孩子的评价很不一样，他们与害羞孩子的师生互动和关系，与和其他孩子的也非常不同。鉴于害羞儿童的独特特征和相关行为，这个研究结论并不令人奇怪。下面，我们将讨论：(1) 教师在害羞孩子的学校体验中起到的关键作用；(2) 教师对这些孩子的态度、信念和看法；(3) 教师通常是如何与这些孩子进行互动的；(4) 与害羞孩子可能形成的师生关系的本质。

教师对害羞儿童的影响

教师在促进儿童发展的许多方面发挥着至关重要的作用。教师是儿童在家庭以外生活中的重要成人，他们的核心作用体现在促进孩子的学业发展乃至全面发展上。的确，教师通常被看作代尽父母职责的角色(代理父母的角色)。这在许多领域确有其事。

在第四章关于亲子教养的讨论中，我们探讨了亲子依恋关系的重要性。回想一下，安全型依恋孩子的父母更有可能为他们提供一个探索周围环境的安全基地。在理想的情况下，教师也可以起到这种作用，让儿童在探索课堂及其他环境中获益(之后我们将深入讨论这点)。此外，教师和父母一样，是儿童行为的榜样。当教师示范的是积极且具适应性的行为，例如，展示亲社会互动，会给儿童树立如何恰当地发起和进行人际互动的榜样。教师以这样或那样的方式，以“看不见的手”，创设了儿童与他人互动的社交环境(见专栏 6 - 1)。

专栏 6－1 “看不见的手”

教师在课堂上创造了师生互动的社交平台，并建立和强化了儿童之间的互动。托马斯·法默（Thomas Farmer）及其合作者（Farmer，Hamm，& Hamm，2011）以“看不见的手”为隐喻，来描述教师是如何引导儿童同伴关系发展的。

主动创建积极课堂环境的教师会冷静地和儿童交流，鼓励同伴间的亲社会互动，监控同伴互动，并采用预防性的课堂管理技术。这样的环境为害羞儿童（和其他孩子）提供了锻炼社交技能和发展友谊的最佳情境。这对害羞儿童来说特别重要。正如我们在第四章中讨论的，害羞儿童在社交关系中有困难，所以教师在儿童社交技能的发展中有着不可低估的作用。

在害羞儿童这个案例中，教师似乎对儿童在班级里的社交、情感和学业成功特别有影响。这在很大程度上要归因于教师对班级情感氛围的营造。这种氛围指的是师生间传递和共享的温暖和支持感。在一个有着积极氛围的班级里，有欢声笑语、积极的谈话口吻、充满尊重的语言以及对所有儿童的需要的关注或意识。教师对儿童是温暖的，对他们的需要给予积极回应，同时对他们的观点保持敏感。

由于对新颖事物的敏感和对社交评价的忧虑，害羞儿童似乎特别容易受到班级氛围的影响。也就是说，相比外向的同学，害羞孩子对温暖和支持性氛围的益处，对厌恶和非支持氛围的弊端都很敏感。营造积极氛围的教师让害羞孩子感受到班集体对他们的接纳，他们不会受到不公平对待或严苛的评价。当然，这些特征对所有孩子都是有益的，但似乎对害羞儿童特别有利。事实上，对害羞儿童来说，这样的班级氛围会让积极参与课堂互动和完全不参与课堂互动大有不同。

和蔼可亲、善解人意的教师更容易让害羞儿童在班级中活跃或放松。事实上，教师这样的行为可以即时消减害羞孩子对他人评价的恐惧，因为教师向孩子们传递了无论失败还是犯错都可以被接受的信息，这也强化了教师作为安全基地的角色（记住，害羞儿童对课堂的恐惧之一就是害怕来自教师的负面评价）。同理，教师对儿童行为的榜样作用也影响班级氛围的形成。例如，教师参与和儿童的积极互动以及教师对儿童间人际互动的监测，都可能营造一种班级氛围，一种让那些在社会情境中感觉不安全和焦虑的害羞儿童也能感到舒适自在的班级氛围。

目前的实证研究已经证实了这一点。例如，我们对一年级儿童的研究发现，所在班级教师的敏感性越高，害羞儿童参与课堂活动的积极性就越高（Buhs, Rudasill, Kalutskaya, & Griese, 2015）。与此相似，加塞列（Gazelle, 2006）的研究发现，处于情感支持较低班级氛围中的一年级害羞儿童特别容易被同伴拒绝。相反，处于更积极和支持程度更高氛围中的害羞孩子明显经历较少的同伴关系困难。在一项后续研究中，加塞列及其合作者（Spangler, Avant, Gazelle, & Faldowski, 2011）进一步表明，虽然害羞儿童比外向的同龄人更有可能在新学年伊始被同伴排斥，但在具有积极情感氛围的班级里，这种情况到学期末就不再出现了。

不太积极或较消极的班级情感氛围具有以下特征：更严厉和

较不敏感的教师行为，消极的师生互动，不重视儿童的需求。教学方式的严苛僵化、师生关系的疏离，可能会在不经意间强化害羞儿童对他人消极评价的害怕。如此负面的教师行为无法成为儿童在处理人际关系时的榜样，反而会使害羞儿童消极的社交体验更为糟糕。因此，在不敏感而又没有任何积极回应的班级中，害羞儿童的恐惧、不自在感和不安全感难以被理解，需要大多得不到满足，这将使他们变得越发退缩和寡言少语。

即使教师温暖而又满心接纳儿童，在班级里尽力营造积极的社交环境，并尝试让自己的课堂接纳所有儿童，他们仍然可能没有注意到害羞儿童的需要，因为他们对这些需要不敏感。正如我们在第五章中讨论的，害羞主要是个体的内在体验（特别是在年长儿童中），而且害羞儿童的行事作风常常使自己不太被教师关注。所以，教师满足害羞儿童需要的能力，很大程度上取决于他们对这些儿童的行为和独特需要的意识和关注程度。

就这方面而言，当教师预期到害羞儿童在新学年伊始会感到额外的压力时，他们更愿意提前采取措施，以帮助儿童缓解压力。例如，年幼儿童的教师可能会在学年开始前与父母会面，以识别哪些孩子是害羞的，并可能受益于某些实质性的帮助和情感支持。或者，教师会在学校一天的活动中仔细观察并着眼于识别那些特别害羞的孩子。无论何种情况，敏感而且积极回应的教师会特别留心营造一种更少压力和更少不确定性的社交情境；这不仅仅是为了害羞儿童，也是为了所有儿童。具体的措施可以包括：将友好和外向的儿童与害羞儿童配对，或设置几乎没有或完全没有不确定性的、高度结构化的班级活动（我们将在第八章深入讨论帮助害羞儿童的措施）。

对年长一些的害羞儿童而言，他们对社会评价的担忧更多。了解这些孩子的教师就能识别他们在被单独挑选出来或处于关注焦点时的不适。例如，对害羞儿童的忧虑特别敏感的教师，将会尽量减少这些儿童需要在班级或陌生同伴（或教师）面前介绍自己或参与活动的次数。教师也会设置一些课堂活动，让同伴互动中的不确定性（谁和谁坐在一起，每个孩子在班里扮演什么角色）降至最低。这样也能减少在充斥着社交要求的课堂环境中，害羞儿童摸索时的害怕和焦虑。

教师对害羞儿童的看法

个案研究　保持沉默是不对的

埃米（Amy）是二年级的学生，她只在某些情况下才表现出明显的害羞。例如，在她熟悉的同学和朋友中，埃米就是轻松自在的，甚至常常很外向。

然而，当埃米接触成人，尤其是那些看上去不那么亲切友好且有距离感的成人，她往往就会表现出很害羞。在这些情况下，埃米不愿意主动发起互动，即使对某次课程内容或某个主题不明白，她也会默不作声。就算正处在社交对话中，她也常常因为太胆怯而没有任何回应。

有一天，埃米在自己的座位上学习，一位同学向她借铅笔。她把铅笔抛给同学后，这个同学马上向老师告状，说埃米刚刚向他扔铅笔。当老师询问具体发生了什么事时，埃米只是默不作声地低头看着自己的脚。老师就此认为，埃米确实扔了笔，而且对自己的行为感到羞愧。埃米着实被老师吓到了，以至于不敢为自己辩护。

由于老师不知道埃米的行为源于害羞，误将埃米的退缩行为视为内疚，而不是害怕。

教育工作者普遍认为，最优化的班级是教师对其负责的儿童都了解。熟悉并全面了解儿童能使教师最大程度地满足不同儿童的具体需求。这是一个令人称赞的目标，它对学业的成功非常重要。事实上，当教师逐渐了解了班上的儿童时，他们能更好地帮助儿童利用自己的优势，融入学校环境，并不断被激发去努力学习。正如我们刚刚说过的，这对害羞儿童的教师来说尤其重要。识别和了解害羞儿童的特征，对帮助他们更轻松地适应课堂有实质意义。

正如本节开篇的案例所示，更深入地了解埃米害羞行为背后的动机，尤其是当有成人在场时的行为，有助于教师帮助埃米面对这样的场景。然而，害羞孩子的一个特征就是他们很安静，相比健谈的孩子，教师更难了解那些害羞的孩子。在本章开篇案例中，开学第一天，希拉老师很努力地记住班上孩子的名字，她甚至还了解到一些孩子除名字外的其他信息，但她仍然记不住害羞孩子迈克的名字。

所以，喧闹的孩子更有可能做好准备让自己被教师注意到，发起互动并主动分享信息；害羞孩子则更内向拘谨，尤其是在新学年伊始，在接触新教师和新班级时。正如我们看到的，即使随着学年的推进，害羞孩子仍然在课堂中感到不自在，这会持续妨碍他们与教师建立融洽的关系。害羞孩子这种安静的风格也令教师难以与害羞孩子保持交流。同样，害羞儿童的退缩倾向意味着教师观察这些儿童与同伴互动的机会更少。此外，教师期待儿童在课堂上提问和主动回答问题，但害羞儿童通常不愿意这样做。总之，害羞儿童在课堂中的行为令教师很难了解他们，也很难了解害羞本身是如何影响儿童的在校经历的。这导致教师对害羞儿童的看法往往不准确，甚至常常过于消极。

课堂参与

因为害羞儿童的安静风格以及不愿意参与课堂和班级活动，教师常常会对他们的兴趣、参与热情和准备状态持负面看法，这并不奇怪。害羞儿童可能看起来对这些活动不感兴趣、没有准备或无法参与。这种情况尤其可能出现在以下情境中，如以小组为单位的班级活动，需要在全班同学面前发言时，或需要与一组同伴一起解决问题时。正如我们之前讨论的，害羞儿童往往会在课堂讨论时保持沉默，并等待外向、健谈的同学发言。一个好消息是，越来越多的证据表明，教师正逐渐意识到害羞儿童体验到的潜在问题(Bosacki, Coplan, Rose-Krasnor, & Hughes, 2011)。例如，在我们最近的一项研究中，幼儿教师表示，他们对班上的害羞儿童和攻击性儿童同样担心(Coplan, Bullock, Archbell, & Bosacki, 2015)。伴随而来的也有一些潜在的弊端，正如我们之前谈及的，教师倾向于给班上的害羞儿童更多负面评价。

关于害羞儿童的课堂参与度，还有一些其他的负面问题。在以班级为单位的研究中，我们发现，教师可能认为害羞儿童对课程内容不感兴趣或对课堂活动没做好准备。我们来探讨一下这方面的例子。在教师讲课时，一个害羞孩子低垂着头盯着课桌，其他孩子则抬头听讲，与教师进行眼神交流，露出微笑，或发出其他视觉线索，让教师知道他们在认真听讲。虽然那个害羞孩子是因为焦虑和害怕被关注而低垂着头，但这种行为在教师眼里是缺乏兴趣甚至不尊重教师的表现。同样，害羞孩子没有主动举手参与课堂讨论或不愿意回答教师的问题，也会被认为是因为没有做好准备，而不是因为害怕。

现在考虑另一种可能的课堂情景。教师给四年级儿童布置的任务是做读书报告。他们有三周时间来完成任务，所以大家有充足的时间阅读一本书并完成报告。但在报告的那一天，一名非常害羞的儿童还是拒绝在班上做读书报告。他担心教师的负面评价，但更害怕全班同学都盯着他，害怕成为大家关注的焦点。他没有告诉教师自己内心的混乱（和教师谈论自己的感受同样令人害怕），只是拒绝做读书报告。因此，教师得出的结论是，这个孩子很懒惰，或不在乎学业。我们不难看出，一个害羞孩子的行为是如何被误解的。

学业能力

长期以来，教师倾向于根据他们对儿童的语言和社会行为的觉察来推论儿童的学业能力。例如，在 1967 年的学前班儿童研究中，爱德华·戈登（Edward Gordon）和亚历山大·托马斯（Alexander Thomas）发现，教师认为亲社会性高的儿童（例如，那些带领小组开展活动的儿童）智商更高。因此，教师将害羞儿童对发言的拒绝或犹疑看作能力的欠缺，而不是社交退缩或恐惧。还记得我们在第五章中讨论过的展示说明活动吗？它集齐了害羞儿童会体验到的所有压力。因为害羞儿童往往是安静的，且较少参与课堂活动，教师倾向于低估他们的学业能力。

然而，我们最近的一些研究发现，教师并不只是认为害羞儿童的学业不如那些外向的儿童。在 2011 年的一项研究中（Coplan，Hughes，Bosacki，& Rose-Krasnor，2011），我们向小学教师展示了假设场景中儿童在班里表现出的害羞/安静、精力旺盛/健谈以及平常/典型行为。在呈现每个场景后，让教师评价有以上行为的孩子。总体上，教师报告害羞儿童不仅学业表现较差，而且没有一般儿童或健谈的儿童那么聪明。使用同样的假设场景，对职前教师（即教育学士学位的大学生）的研究也发现类似结果（Deng，Trainin，Rudasill，Kalutskaya，Wessels，Torquati，& Coplan，2015）。这些在培教师也认为，相比一般儿童或健谈的儿童，害羞儿童更不可能在学业上取得成功。

这个发现预示着害羞儿童的学业表现不理想。教师对儿童智商和学业技能的看法会导致自我实现的预言。也就是说，如果害羞儿童的学业表现在最初就不被看好，那么随着时间的推移，他们的实际学习成绩可能会下降到与教师的期待一致。与这个观点一致，我们在对小学生的研究中发现，儿童的羞怯与教师对他们学业成绩的看法相关联，而不是与标准化的测试结果相关联（Hughes & Coplan，2010）。这一点很重要，因为它意味着，害羞儿童的学习成绩低下，更可能与教师对儿童能力的看法有关，而不是与儿童的真实能力有关。所以，请牢记，教师对害羞儿童能力的误读，极有可能导致这类儿童形成消极的自我预言。

有趣的是，一些教师对害羞儿童的态度和信念似乎受到自身羞怯的影响。在刚刚描述的小学教师研究中(Coplan et al., 2011),我们也发现,虽然所有的教师都倾向于认为害羞儿童会遇到学习上的困难,但自身不害羞的教师将这些困难归因于儿童较低的智力,而害羞的教师却不会这样做。害羞教师自身的体验让他们认为,害羞儿童的学业困难常常是由其他因素(焦虑、不自在感)导致的。劳伦·德克尔(Lauren Decker)和萨拉·里姆-考夫曼(Sara Rimm-Kaufman)的研究发现,选择执教生涯的个体比一般人更外向(Decker & Rimm-Kaufman, 2008)。这似乎对害羞儿童不是什么好兆头,因为他们最有可能遇到并不害羞的教师。这样一来,教师们对他们不同的需求就可能不怎么关注或敏感。

教师与害羞儿童的互动

一直以来,害羞儿童大多被描绘成教师忽视的对象。一些研究者甚至认为,教育工作者应鼓励儿童的害羞行为,因为这有助于维持班级的秩序。尽管如此,相比大胆的孩子,害羞孩子由于不扰乱课堂、不喧闹或是让人省心而较少被教师关注。这种关注的缺失会随着儿童学校生活的推进而变得更加复杂。例如,我们发现,面对害羞的学龄前儿童时,教师会注意到害羞孩子的安静风格,并努力让他们畅所欲言地表达自己(Coplan & Prakash, 2003)。在学前课堂里强调的师生一对一互动以及以游戏为主的活动,非常有助于社交退缩儿童得到教师应有的关注。

然而,对教师不断增加的课程需求,以及与儿童不断减少的相处时间,常常导致教师越来越少地关注害羞、安静和不惹麻烦的儿童。当儿童进入小学,学校环境中弥漫着的学业压力,使得教师更难从教学中抽出时间关注不惹麻烦或非问题性儿童（即害羞孩子）。我们的研究表明，小学教师需要完成日常任务（课堂管理、教学要求、行政职责）的压力使得他们没有时间和精力来关注害羞儿童（Rudasill & Rimm-Kaufman，2009；Rudasill，2011）。

其结果便是，害羞儿童得到教师较少的指导和互动。我们的研究表明，相比害羞和自控力较弱的同伴，害羞儿童发起和得到的师生互动较少（Rudasill & Rimm-Kaufman，2009）。杰里米·芬恩（Jeremy Finn）及其合作者的其他研究发现（Finn et al.，1995），社交退缩（以及被教师忽视）使孩子更容易处于学业困难而非产生捣乱行为的危险，这可能是因为捣蛋的孩子比害羞和退缩的同伴更容易得到教师的关注。虽然负面关注并不一定是好事，但对满足儿童需求和帮助他们学业成功而言，这比不给予任何关注要好。

我们不难解释为什么教师会更加注意外向、喧闹和扰乱课堂纪律的儿童。由于外界施压，迫切需要教师提供一个安全和有助于学习的班级环境（家长和行政机构一直以来给予教师的压力），因此，他们对这类儿童的干预是很有必要的。而教师对害羞儿童的干预，不仅需要他们了解这些孩子的特征（大部分是内向的），而且需要他们认识到学校和课堂环境给害羞儿童带来压力的方式。正因为如此，害羞儿童才更不容易被教师关注。对大多数教师来说，儿童的害羞行为让人很省心；这样的行为不会扰乱课堂教学，甚至对一名不堪重负的新教师而言，反而是令人轻松的！

教师与害羞儿童的关系

在本章的最后一节，我们来仔细看看教师与害羞儿童可能形成的关系。害羞儿童社交退缩和害怕教师评价的倾向，往往导致他们难以形成良好的师生关系。师生关系根植于亲子依恋关系（见第四章）。回想一下，安全型依恋关系反映了孩子的一种信念——父母是给予安全和信赖的养育者。基于这种积极的关系，孩子一般会形成乐观的世界观。

随着孩子们开始校园生活，教师就成为他们生命中的重要成人，师生关系会形成另一种依恋关系。虽然教师不能代替父母，但教师能够为孩子提供强大的支持和安全感，并给予他们冒险和探索的自由，让他们在高质量的养育环境中成长（Pianta，1999）。因此，积极或高质量的师生关系（例如，以师生间较高的亲密度和较低的冲突水平为特征）一直被认为是影响所有儿童学业和社交成功的重要因素。例如，布里奇特·哈姆雷（Bridget Hamre）和罗伯特·皮安塔（Robert Pianta）研究发现，学前班期间的师生关系越积极，儿童到八年级时的学业和社交成就就越高（Hamre & Pianta，2001）。

与本书最相关的发现是，高质量的师生关系不仅能预测儿童自上而下的成功，而且能保护脆弱的儿童，使之避开危险。例如，师生间的高亲密度、温暖和相互尊重，已被证明能保护处于贫穷和其他行为问题中的儿童。而以逆境和抗争为特征的师生冲突会预测儿童在学业、社交和行为方面的困难。在害羞儿童中，我们也看到了类似的预测模式。我们的研究显示，高质量的师生关系对害羞儿童有保护作用，能缓解他们在同伴关系上的困难和对学校的消极看法（Arbeau，Coplan，& Weeks，2010）。但害羞儿童的师生关系，通常既不亲密也没有冲突。也就是说，他们似乎在发展任何类型的师生关系上都有困难。这一惊人的事实也强调了前面提到的那个观点：害羞儿童容易被忽视。

值得注意的是，有一些证据表明，害羞的幼儿更倾向于形成依赖型师生关系。依赖是以黏人和过度需要关怀为特征；这样的儿童会时刻要求待在教师的身边，要求教师围着他们转，还会过多地提问。很显然，这些行为不适用于担心受到教师负面评价的孩子。这可能也是为什么依赖只出现在社会评价不那么明显的幼儿时期。萨拉·斯温森（Sara Swenson）研究了学前班教师是如何看待自己与害羞孩子之间的互动的，发现这些教师一致认为害羞孩子过于黏人（Swenson，2015）。

我们在研究中发现，有着复杂语言技能的害羞学龄前儿童更有可能形成依赖型师生关系（Rudasill，Rimm-Kaufman，Justice，& Pence，2006）。虽然这样的师生关系是消极的，但教师会认为，依赖型孩子需要很多不必要的关注。尽管如此，这种消极的关系可能因为教师和害羞儿童之间至少有互动而具有保护性。与此同时，我们知道，鼓励黏人和给予过度关怀的教养方式会滋长孩子的依赖和恐惧；这样的隐患很有可能也会发生在依赖型的师生关系中。虽然我们还不完全清楚早期依赖型师生关系如何影响害羞儿童日后的学校体验，但有一点是明确的，早期的师生关系为日后类似的关系和儿童更广泛的体验奠定了基础。

现在，我们知道了害羞儿童在建立师生关系（尤其是积极或紧密的师生关系）上有困难，但那些有着紧密师生关系的害羞儿童，比没有紧密师生关系的害羞同伴有更好的发展结果。这一现象在小学低年级，也就是儿童在学业打基础阶段尤为明显。有着积极的师生互动体验（包括紧密的师生关系）的儿童，可以此为基础来克服其他原本令人胆怯的学校体验，这些体验包括进入陌生情境

（例如，新学年伊始）和蕴含社交压力的情境（例如，需要在全班同学面前做报告）。因此，与害羞儿童建立积极关系有助于教师实施其他干预策略。我们将在第八章进一步讨论这个话题。

结论

教师在塑造害羞儿童的在校体验上起着至关重要的作用。以下这些最佳实践能有效地帮助害羞儿童轻松进入班级互动，例如，提供支持性和积极的班级氛围，积极参与和发起与儿童的互动，努力构建积极的师生关系。这是本章的总结部分，本书对害羞儿童在教育环境中的体验的描述到此也结束了。在后面的章节，我们将进入本书实践性更强的部分。我们将聚焦于帮助害羞儿童时教师可以尝试的一些最佳实践应用。这包括帮助害羞儿童应对焦虑和恐惧的一般方法（第七章），以及帮助害羞儿童在班级里成功适应的特定策略（第八章）。

第七章
帮助害羞儿童的最佳实践：一般方法

个案研究　回顾游泳池的个案

有一天，第三位妈妈也试图教自己的孩子游泳。在到达游泳池，准备上第一堂课时，她的孩子也说“我太害怕了，不想下水”，然后哭了起来。与那个生气且强迫孩子下水的妈妈，或者担心孩子而没有给予任何鼓励的妈妈相比，第三位妈妈采取了完全不同的做法。她对孩子说：“我知道你很害怕。这没关系。我们一起来做深呼吸。这可以让我们不那么害怕。好！即使有时我们对某样东西感到害怕，仍然要尽力而为，而且我们可以每次前进一小步。”

在这一天，这位妈妈和孩子甚至没有换上他们的泳衣。相反，他们一起坐在泳池边，看着其他孩子游泳。第二次来到游泳池时，他们换上了泳衣，再次坐在泳池旁。但这一次，他们把脚趾浸在水中。第三次，他们将双腿浸在水里，直至淹没膝盖。之后的一次，他们坐在进入泳池的第一层台阶上；再之后的一次，他们坐在第二层台阶上。之后的每一次，他们都下一个台阶。每次去泳池，这位妈妈都给予孩子很多支持和鼓励。经过一步步的努力，孩子最终自己下了水，而且一步步学习如何游泳。

这个故事的寓意是我们所熟悉的。特别对害羞儿童而言，这意味着稳扎稳打，无往不胜。

从这一章开始，我们将探讨之前谈及的有关害羞的背景知识和研究的实际应用。在本章，我们将重点介绍一些帮助害羞儿童的一般方法，它们衍生于发展心理学和临床心理学。这些有效的方法可以广泛应用于不同的情境和状况(在下一章，我们将讨论一些更为具体的最佳技术)。在前面那个个案中，我们回顾了第三章父母教养行为中讲述的那个学游泳的场景。这里描述的第三位妈妈采用了各种已被证明行之有效的帮助害羞和焦虑儿童的心理学策略(例如，聚焦情感的父母教养、放松、积极强化和分级暴露)，最终帮助她的孩子克服了对游泳的恐惧。我们将在本章详细讨论这些具体方法。

我们从一开始就强调的一个重要观点与对害羞儿童作出改变的期望有关。正如我们在与害羞儿童父母的讨论中强调的，真正的变化产生需要时间，过程中会有很多起伏。在我们看来，很多人对儿童的害羞行为能有多少改变以及多快被改变抱有不切实际的期望。几年前，我们进行了一项综述研究，以了解幼儿故事书是怎么描述害羞人物的(Coplan, Hughes, & Rowsell, 2010)。主要结论是，父母更有可能给他们的害羞子女阅读有着害羞人物的故事书。这个害羞人物被描写和刻画的方式，为母亲和孩子提供了形成害羞期望的一种方式。

在我们浏览的20部故事书中，我们兴奋地发现，作者们以令人惊讶的准确度描写了不同领域的害羞。例如，大部分故事书都提到害羞具有生理基础(例如，“与生俱来的”)，最有可能在陌生的社交场合或成为关注焦点时被诱发，而且对儿童的同伴体验(例如，在学校被同伴戏弄)和健康(例如，低自尊、悲伤感)有负面影响。但是，有一个方面的信息，作者们提供的与害羞的实证研究和理论并不一致。在故事结尾，几乎所有(90%)的害羞角色都经历了一个显著变化，通常都变得不那么害羞（例如，“变得更自在了”“不再脸红”“变得很勇敢”“有勇气说话”）。大多数给害羞儿童看的故事书都会有一个愉快的结局，这一点可以理解。但这些书的寓意是，几乎所有的害羞孩子都可以在很短的时间内改变。此外，这些书都隐含一个愉快的结局——主人公变得不再害羞了。我们认为，如果父母和教师能延缓他们的期望，将帮助害羞儿童看作需要长期努力的事情，让孩子与害羞共处，而不是试图改变他们，最终将更有益于害羞儿童。基于此，我们一起来探讨一些一般方法，这些方法可以融入教师与害羞孩子的日常互动中。

来自朋友的小小帮助

正如我们所了解的，害羞儿童面临的许多挑战也是他们同伴群体所面临的。事实上，害羞儿童之所以让人担心，主要原因是他们相对缺乏同伴互动（以及因此可能错过的所有美好东西，正如第四章中所描述的），以及当他们不可避免地要和同伴相处时可能遭遇消极体验（例如，被排斥、受欺负）。出于这些原因以及许多其他原因，对儿童害羞进行干预的主要目的是提高他们与同伴互动的量（频率）和质。基于此，我们从一般方法出发的第一条建议是，让其他儿童参与进来。

这当然不是一个新点子。回顾第一章，首个专门为害羞儿童设计的干预项目（由研究者珀尔·洛温斯坦和玛格丽特·斯文森于 1938 年提出），就是包含其他害羞和社交退缩儿童的游戏治疗。这类方法的目的是专门为害羞儿童打造一个环境，让他们在社交互动中获得成功。研究者希望害羞儿童通过这样的社交环境获得掌控感和自信，并类推到在学校的社交情境中。

这种方法的一些变式在提高害羞儿童参与同伴互动方面取得了一些成功。例如，温多尔·弗曼（Wyndol Furman）及其合作者（Furman, Rahe, & Hartup, 1979）进行了一个干预项目，让害羞的学龄前儿童与更年幼的孩子互动。他们发现，那些害羞儿童会受益于这种也许是全新的社交体验——在游戏中成为拥有更多社交技能的一方。约翰·凡图佐（John Fantuzzo）及其合作者（Fantuzzo, Stovall, Schachtel, Goins, & Hal, 1987）运用了一个稍许不同的模型，来训练更善于社交的儿童向害羞同伴发起社会互动，并以此激发这些害羞同伴更积极的社交体验。同样，珍妮特·克里斯托弗（Jeanette Christopher）及其合作者培训害羞儿童的同班同学，从同龄人的角度来帮助他们（Christopher, Hansen, & MacMillan, 1991）。这些研究假设，与更友好、更善于社交的同伴相处并得到他们的帮助，可以促进害羞儿童的社会互动。

由于害羞儿童在社交能力上存在不足，直接指导他们如何社交也可以有效提升他们的同伴互动体验。此类社交技能培训项目旨在培养儿童进行有效社会互动的能力。例如，我们为害羞的学龄前儿童研发了游戏技能项目（"Play Skills"）（Coplan, Schneider, Matheson, & Graham, 2010），该项目关注的是如何获取和实施一些具体的社交策略和技术，以帮助儿童应对经常面临的挑战（例如，与他人眼神接触，在展示说明活动中发言，邀请他人一起玩耍）。在一系列的每周培训中，在简短的培训期间，训练有素的项目工作人员会帮助以小组为单位开展活动的害羞儿童学习这些策略和技术。然后，在培训者的辅助下，孩子们在自由游戏中演练自己学到的技能。在最近的两项研究中，我们看到，相比没有参加这个培训的对照组儿童，参加培训的害羞儿童与同伴有更多的互动，体验到的焦虑明显减少（Coplan et al.，2010；Chronis-Tuscano et al.，2015）。

在坐满学生的教室里，教师们可以轻松运用这种有同伴介入的干预措施。教师应该一直保持干预的总目标，那就是提高害羞儿童与同伴交往的频率和质量。正如刚刚介绍的研究所揭示的，仔细挑选同班同学和害羞孩子配对，并帮助他们获取和锻炼社交技能，可以进一步实现我们的总目标。例如，教师可以将社会技能的训练融入圆圈时间（就是教师带领孩子围坐成一圈进行活动）或其他日常活动中；在自由游戏或小组讨论中，使用这些策略来示范和强化社交技能。在下一章，我们会详细讨论同伴介入法的特定情境和策略。另外，教师可以运用本章中的其他技术来促进害羞儿童的社会互动。

每次前进一小步

临床心理学以及其他领域中最常用的一种实践就是分级暴露。本章开篇的游泳池个案就阐释了如何具体实施这种实践。分级暴露本质上就是把一个理想目标（例如，进入游泳池）分解成一系列容易实现的、挑战难度渐进的小目标（例如，将脚趾浸在水中，坐在泳池的第一层台阶，再一步一步进入泳池直至水位高至腰间等）。在孩子逐渐达成每一个小目标的过程中，妈妈不断给予其支持和鼓励。这种方法可广泛应用于不同的环境和条件下，以实现不同的目标。

在一组家里有害羞孩子的家长中，一位父亲曾经讲述自己如何运用分级暴露的方法，帮助儿子应对有挑战性的社交情境。每周五放学后，这位父亲都会在接上儿子之后，带他去街角的商店买一根冰棒吃。这是为了庆祝和奖励他结束了又一周的学校生活。不用说，孩子真的很喜欢吃冰棒！但是，相当害羞的他不想自己去购买冰棒，因为他实在害怕与收银员对话。父亲因此告诉他，如果他每周想要一根冰棒，他至少需要在一定程度上参与这个过程。所以，他们俩一起制作了一幅阶梯图，上面描绘了孩子在逐渐积极参与购买冰棒的过程中每周需要达到哪一步。

在第一周，孩子需要做的仅仅是和父亲一起走进商店，在父亲购买冰棒时站在店里。每一周，孩子的任务都会变得更具挑战性。例如，在第二周，当父亲购买冰棒时，孩子需要向收银台走近两小步。在随后的几周，孩子逐渐完成了一些更具挑战性的任务，包括在父亲付款时站在收银台边上，与收银员眼神接触，指出他想要买的冰棒，并开口下单。几个月之后，孩子成功地单独走进店里，点选和购买冰棒，父亲则在外面等候！

教师不太可能为班上的个别儿童实施一个如此周详的目标阶梯方案，但这个方法在帮助害羞儿童逐渐克服恐惧方面非常有效。很重要的一点是，每个儿童所需要的目标阶梯的间隔不同，也会以自己的速度向目标迈进。当你对儿童的优势和需要越来越熟悉时，你就会更擅长于构建这些目标阶梯，这样，每个孩子都可以开始定期体验到成功。在专栏 7-1 中，我们会提供一些制订成功的分级暴露任务的建议。

情绪辅导

教师在与害羞儿童互动中使用的另一种方法，来源于有关父母如何和孩子谈论并教他们管理情绪的研究。例如，研究者约翰·戈特曼(John Gottman)和琼·德克莱尔(Joan Declaire)发表的研究成果中描述了情绪辅导的益处(Gottman & Declaire，1997)。支持这种方法的父母会关注并自如地谈论自己和孩子的情绪。情绪辅导者尤其认可和珍视消极的情感体验，并视其为建立亲密感和开展建设性学习的契机。本章个案中那个教孩子游泳的妈妈，就很好地诠释了情绪辅导者这一角色。例如，她认可并帮助孩子命名体验到的情绪("我知道你很害怕。这没关系。")，引导孩子调节负面情绪("我们一起来做深呼吸。这可以让我们不那么害怕。")以及对体验到类似情绪时的行为设定限制和期望("即使有时我们对某样东西感到害怕，仍然要尽力而为，而且我们可以每次前进一小步。")。

专栏 7-1　创建分级暴露目标阶梯

- 强调、强化、关注和奖励积极的社交进步，即使是小小的进步；
- 确保目标阶梯的第一步只是一小步，这样孩子可以体验到成功；
- 在每一步之后表扬孩子，但不强求他/她马上开始下一步(例如，如果孩子下了水，表扬他/她，并允许其离开泳池，而不是马上要求"现在把你的头浸入水中")；
- 在适当的时候，敦促孩子完成下一步，但要平缓温和地敦促；
- 时刻准备好并预期可能的失败或挫折(练习……练习……再练习……这会随着时间的推移而改善)；

● 如果孩子在完成下一步时有困难，请不要气馁！（继续尝试！）

● 请记住，这是您和孩子进行的一个长期项目（也就是说，您可能不会在短期内看到显著变化）。

父母作为情绪辅导者，其目标是教导孩子如何调节消极情绪，而不是如何驱走消极情绪。但是，有些父母倾向于忽略情绪。这一类父母觉得谈论自己或孩子的情绪体验令人很不舒服，并尽量弱化或减少情绪表达（“别哭了”“没什么可害怕的”“成熟点吧”）。相比忽略情绪的父母，采用情绪辅导的父母，其孩子有更好的情绪调节能力和更高的自尊。

教师可以在课堂上广泛应用聚焦情绪的方法来帮助害羞儿童。例如，桑迪·麦克洛里（Sandee McClowry）发表的文章中使用了短语“搭建脚手架（或支架）和拓展训练”（scaffold and stretch）来描述教师如何支持害羞儿童，令他们在原本认为有威胁或会诱发压力的班级环境中感到更舒适自在（McClowry, 2014）。与情绪辅导的原理一致，麦克洛里鼓励教师认可儿童感到的恐惧和不适，并在儿童克服恐惧、逐渐改变行为的过程中（拓展训练）提供温暖和支持（搭建脚手架）。麦克洛里在其著作《基于气质的小学课堂管理》（*Temperament-Based Elementary Classroom Management*）（McClowry, 2014, p.53）中提供了教师对害羞孩子最佳回应的一个事例：“我知道你偏爱先看着其他孩子活动而不是参与其中，所以我会站在你身边，直到你做好与他们一起活动的准备。”这样的回应：（1）认可了有同伴在身边时害羞儿童的小心翼翼；（2）表达了对儿童的支持;(3) 设定一种期待,就是这名害羞儿童很快就会加入同伴的活动。麦克洛里指出,这样的回应是非常积极和强大的,因为它传达了教师对羞怯的理解以及想帮助害羞儿童获得成功的意愿。

挑战不良想法

想象某个午后,你正在街上漫步,碰巧看到朋友正走在马路对面。你向她挥手,并给她打电话,但她一直向前走着,并没有给你任何回应。面对这种情况,大多数人会认为,例如"嗯,她可能没看见我",然后继续走自己的路。然而,遭受社交焦虑障碍困扰的人可能对这件事有着更多的负面反应,脑海里可能这么想:"呃哦…… 她不理睬我。一定是生我的气了! 我之前做了什么? 哎呀,一定是因为上回碰面时,我说了什么,或做了什么,让她很生气。她之后肯定会告诉大家我有多不好。这将是一个大问题。我该怎么办?"社交焦虑的人可能会反复思考和担心这件事,同时也会因为太过紧张而不去联络这位朋友。

这个例子告诉我们,消极的思维模式是焦虑的核心元素。案例中有社交焦虑的个体表现出一些常见的认知偏差,导致焦虑的延续和加剧。这些偏差包括威胁知觉倾向、灾难化感知(即面对问题时做最坏的预期),并在面对预期的社交失败时责备自己。认知行为疗法(CBT)是一种以现实的适应性思维模式和信念来取代那些扭曲、消极想法的治疗方法。认知行为疗法是最成熟、有实证依据支持的常用方法,主要用于治疗有焦虑障碍的儿童和成人(综述详见 Compton et al., 2004; Hofmann, Asnaani, Vonk, Sawyer, &

Fang，2012）。这种治疗技术主要聚焦向焦虑者传授改变消极思维的具体策略。

改变消极思维是教师帮助害羞儿童的另一个常用手段。临床心理学家通常接受全面而具体的训练，对来访者使用认知行为治疗技术。因此，我们的建议是，教师应认识到许多害羞孩子容易受到这些消极思维的影响。例如，教师应注意，自己中立或模棱两可的表态、手势或面部表情，都可能被害羞儿童看作是消极且具威胁性的。正如我们在其他章节所述，关注害羞儿童接受信息的不同方式，有助于教师理解和帮助这些孩子应对恐惧和担忧。

精神高于物质

我们从不同的角度来了解如何用正念（mindfulness）方法帮助害羞儿童。这个方法源于佛教的冥想禅修，主要训练个体关注和聚焦自己正经历着的感觉、思维和情绪，但不作任何评价。当代的正念项目主要受到乔恩·卡巴特-辛（Jon Kabat-Zinn）20 世纪 90 年代开始的研究的影响。正念训练的核心目标是让个体能够充分地活在当下，而且从严格意义上来说，更加开放，并接受生活的积极面和消极面。目前，用于儿童的正念干预主要是基于正念的儿童认知疗法（MBCT-C）。近年来，这种干预方式一直受到广泛关注（Baer，2014）。

正念活动聚焦于帮助个人重新审视他们的生活经历，令其关注每种经历的各个方面（思维、情绪和身体感觉），即使这些经历是不愉快的。这类聚焦意识和关注活动的一个例子就是葡萄干练习。训练师会分配给每个参与者一颗葡萄干，然后指导他们只观察葡萄干，就像它是完全新奇的事物一样；接着，指导他们拿起葡萄干，感受它的质感和气味。之后，参与者品尝葡萄干，并关注咀嚼葡萄干带来的感官体验。这是吃东西过程中的正念，目的在于提醒我们花了太多时间在机械、无意识的活动中，而没有去思考、欣赏或真正体验这些事物。其他的正念活动包括身体扫描、静坐冥想、行走冥想和正念瑜伽。所有这些活动，都要求个体关注正在进行的活动（例如，走路），包括相关的思维、情绪和感觉（例如，感受到双脚碰触地板）。所有这些活动的目的，都在于训练个体将思维聚焦当下，而且接受哪怕是消极或不愉快的感受和想法。这个方法教导个体如何关注和聚焦，并以此来抵抗焦虑和忧虑带来的消极影响。

适合儿童的正念技术主要考虑到孩子们通常很难静坐较长时间。此外，大多数针对儿童的正念项目都需要父母和学校的支持，这样可以促进干预的进展。因此，针对儿童的正念项目通常为期8周，一般每星期只需90分钟。儿童的正念训练往往较短，重复的环节较多，以使他们更容易掌握。此外，这些正念项目可以在学校环境中轻松实施，既可以整班实施，也可以分小组实施；有时，也可以邀请父母一起参加，以便他们在家里提供支持。教师可以促进家校之间的项目沟通。

新近的实证结果表明，正念干预能有效帮助焦虑中的儿童。最新的一份元分析报告总结了正念训练促进儿童和青少年心理健康的实证依据。卡纳安·卡拉佩拉恩（Kannan Kallapiran）及其合作者认为，正念干预至少与认知行为疗法一样有效（Kallapiran, Koo, Kirubakaran, & Hancock, 2015）。正念的原理就是注意自己当下的情绪、思维和感觉，教师可以在班级里轻松实施这种训练：可以提醒某个孩子(例如，是否正在或已经进行了正念练习)或整个班级(提醒大家“深呼吸”)。这些都能帮助每天风风火火的儿童受益于片刻的停顿。

针对害羞儿童和焦虑儿童的班级项目

在本章最后一节，我们将描述一些旨在帮助害羞儿童、社交退缩儿童和焦虑儿童的班级干预项目的背景知识。对这些项目感兴趣的教师，可以通过我们提供的网站和参考文献进一步了解。

一生的朋友

第一个项目称为“一生的朋友”(FRIENDS for Life)，是由葆拉·巴雷特(Paula Barrett)及其合作者研发的(Shortt，Barrett，& Fox，2001)。这个干预项目主要基于认知行为疗法，可以由受过特殊训练的教师在学校实施并整合入课程。这个项目的目标是，借助儿童学习认知行为治疗技术来管理焦虑情绪(例如，放松训练)和具挑战性的偏见认知(例如，将“消极不利的想法”变成“积极有利的想法”)。实际上，“FRIENDS”这个单词是一个首字母缩略词，便于儿童和青少年记住，在感到紧张、担心或焦虑时可以遵循的一系列步骤(见专栏 7－2)。

“FRIENDS”项目已在全球被广泛采用。一些研究结果表明，这个项目可以有效降低焦虑(Rodgers & Dunsmuir，2015)。事实上，在 2004 年，世界卫生组织评价“FRIENDS”是首个基于实证依据、能有效降低儿童和青少年焦虑的项目(详见 2004 年的世界卫生组织精神疾病预防报告)。

洞见儿童的气质

“洞见儿童的气质”(INSIGHTS into Children's Temperament)是由桑迪·麦克洛里(Sandee McClowry)研发的干预项目(McClowry, 2014)。“INSIGHTS”是一个以学校为依托的干预项目,特别关注儿童的不同气质,并在此基础上教导他们提高自己的社交和情绪技能。这个项目旨在帮助儿童及其教师(和父母)了解气质以及气质的个体差异如何影响儿童对环境中的人和事做出反应。“INSIGHTS”的元素之一,是以班级为单位帮助儿童通过使用木偶来了解四种不同的气质类型(例如,有一个社交退缩的木偶,它的名字是“小心翼翼的科雷塔”)。同时,另一个元素是训练教师关注不同的气质类型。在训练中,教师会看到一些视频片段,这些视频展示了不同气质的儿童身处各种压力情境中时的行为。例如,“小心翼翼的科雷塔”觉得面对代课教师特别有压力。一旦儿童和教师了解了每一种气质类型的基本特征以及感到压力的情境,培训者就会给儿童需要尝试解决的一些压力情境,教师则要学习各种策略,来有效面对不同气质类型的儿童。如前所述,培训者会指导教师如何恰当地搭建“脚手架(或支架)”并进行“拓展训练”,这样,他们可以遵循而不是违背儿童不同的气质来展开干预,并最终帮助儿童达成自己的目标,言行举止得当。

专栏 7-2 “一生的朋友”

“一生的朋友”(FRIENDS for Life)中“FRIENDS”标示的七个步骤:

Feeling——感到担心?

Relax——放松，并让自己感到心情舒坦

I——我可以做到！

Explore——探索解决方案和应对步骤

Now——奖励自己，就在现在

Don't——别忘了时常练习

Stay——保持冷静！

麦克洛里及其合作者(McClowry, Snow, & Tamis-LeMonda, 2005; O'Connor, Cappella, McCormick, & McClowry, 2014)的研究持续发现，"INSIGHTS"项目能有效改善儿童的行为，提高他们的学业技能。此外，"INSIGHTS"项目似乎对害羞儿童特别有效。具体来说，相比没有接受"INSIGHTS"项目干预的同龄人，接受该项目干预的害羞儿童在数学和辩证思维能力上更胜一筹。"INSIGHTS"项目班级里的害羞儿童更积极地参与班级活动，这也使他们学习成绩更好。虽然"INSIGHTS"项目目前尚未在美国纽约以外的城市进行测试，但其原理和前景都表明了其有效性。教授教师和儿童了解并识别气质，以及引导教师根据儿童不同的气质特点进行互动，能使害羞儿童全面优化发展。欲知更多信息，请访问以下网址：insightsintervention.com/和 steinhardt.nyu.edu/。

结论

本章罗列的一般方法旨在帮助因害羞而焦虑的儿童。我们试图概述在班级环境外已被证明有用的干预方法。有几个主题是一

目了然的：帮助害羞儿童是一个需要耐心和理解的挑战；改变不会在一夜之间发生；旨在帮助个体认同和关注情绪和思维似乎非常有效。我们也了解了一些基于实证依据可以在班级环境中实施的项目。在下一章中，我们将探讨帮助害羞儿童可用的特定策略，其中有许多源自适合所有儿童的最佳实践。

第八章
帮助害羞儿童的最佳实践：特定策略

帮助害羞儿童：来自一位教师的讲述

我想到了去年教过的那个女孩。我要极力确保每一次和她互动的方式都是恰当的，而且都能增进她的自信，这非常重要。并非因为我们会大喊大叫。如果有人对她大喊大叫或发火，将会完全毁了她。你需要把她放在手心呵护，看着她成长。

(Lao, Akseer, Bosacki, & Coplan, 2013, p.276)

本章将介绍一些教育者可用来帮助害羞儿童的特定策略。本章集我们目前涉及的所有问题之大成。我们在这里讨论的技术源于之前探讨过的理论和研究，这些已经明晰的技术可用来帮助害羞儿童面对学校中遇到的挑战。我们也借鉴了一些之前的研究结果，这些研究为教师所用，从教师那里获得了促进害羞儿童良性发展的实践效果。

你也许还记得，学校中害羞儿童的常见行为包括拒绝说话或小声发言，缺乏与他人的眼神接触，容易脸红，较少与同伴交往，不参与班级活动。正如我们看到的，学校里最易诱发害羞儿童这类行为的常见压力情境有以下特点：(1) 新奇/陌生；(2) 来自他人的认知评价；(3) 同伴在场。例如，害羞儿童在学校经历的最困难的体验之一，就是转学（从学前班升入小学或转学进入一所新学校）。虽然这对所有儿童来说都是挑战性的，但害羞儿童会体验到更大的压力。这是因为进入新的学校时，他们会对陌生的社交情境产生强烈的反应。在本章，我们会描述和讨论一系列特定策略，以帮助害羞儿童面对陌生环境、他人评价和同伴在场。

应对新奇事物

入学伊始通常让害羞儿童感到极大的压力，这是因为学校环境中有那么多新事物和难以预料的情况。几乎所有事物都是不确定的，包括新教师、新班级和新同学、新的课堂常规和期望。即使害羞儿童年长一些了或对学校的新鲜感褪去了，这些新奇的事物对他们来说也是非常强烈的。教师可以采用一些策略来帮助害羞孩子缓解这期间的压力。当然，其中很多方法适用于所有儿童，有些则特别适合害羞儿童，并能有效帮助他们顺利过渡。我们在这里描述的不同策略旨在帮助儿童熟悉新的学校和班级环境，加强教师与儿童及家长之间的沟通，并在课堂结构上和课堂中采取措施来缓解害羞儿童的担忧。

让儿童熟悉学校和班级环境

新学校和班级设施新异刺激的主要来源是这些环境的物理特征和布局。儿童经常担心他们所处环境的后勤保障，例如，去哪个教室上课，卫生间和教师办公室在哪里，课后在哪里集合等校车，在哪里吃午餐，自己的用品放哪里，自己的座位在哪里，和谁同桌，在哪里购买午餐。儿童的许多担忧可以通过开学前让儿童实地参观新学校和新教室而得到一定程度的缓解。在理想情况下，孩子们最好能够与父母或其他照料者一起参观校园和所在教室，了解学校的各个重要场所。

如有可能，孩子们应该在入学前一年去参观校园和教室，这样他们就能体验到处都是学生的校园环境（就像他们正式入学时一样）。此外，应该在入学几周前再参观一次学校，这样孩子有机会再熟悉学校的布局，参观分配到的教室，而且可以先熟悉教室与其他重要场所（例如厕所）的相对位置。其间，孩子们也应该参观其他课程的上课教室或场地，如体育课和艺术课上课的地方。同样，在理想情况下，他们应该去见见各门课的教师以及校长、校长助理、办公室工作人员、图书管理员等。

通常，这些新生适应活动在儿童开始上学前班之前就会有，但在允许儿童自由探索、接触学校以及父母参与度上有不同程度的差异。这些活动也很少提供给即将入小学的孩子。害羞孩子可能比其他孩子需要更多地接触学校和班级环境；学校教师和校长应该让家长们知道，有这类需要的孩子可以有额外的机会参观学校和班级，并且鼓励这些家庭好好利用这些机会。

加强教师与儿童及家长之间的沟通

除了给孩子参观访问学校和教室的机会，也应该让教师在新学年开始前有和儿童一对一接触的机会。这样的接触既可以在儿童参观学校、参加新生活动期间，也可以在儿童的家里或其他地方。很重要的一点是，这种一对一的互动要在没有其他孩子在场的情况下进行，因为同伴在场会给害羞儿童（和教师）带来不必要的压力，或导致其注意分散。同时，这也是一个让教师和家长交流的绝佳机会，教师可以借此获得有关孩子的信息。这样的信息很有价值，可以使教师做好准备来帮助害羞儿童面对入学恐惧等问题，促进他们的同伴交往。

教师可采取的另一个策略是，打电话或发邮件联系班上所有儿童的家长。这有助于家长了解可以以什么方式和教师联络，同时也清晰地表达了教师的态度，即希望从家长这里获得更多有关儿童的信息。害羞儿童的家长常常担心孩子能否适应新环境，这个策略可以促使家长和教师开启建设性对话。然而，一些家长可能根本就没注意到害羞会令孩子在入学过渡期遭遇困难。询问家长一些具体的问题，可帮助他们思考害羞儿童可能遭遇的困难，也可加速获取更多有帮助的信息。不论是由家长发起联络，还是由教师发起联络，有一点很重要，那就是家长和教师之间的双向对话要尽早开始；这样，他们可以一起合作，帮助害羞儿童在学校获得成功。当双方在这个方面意见一致时，交流是最有效的。

最后，我们会在下一节仔细讨论教师如何与儿童及家长沟通并分享课堂常规以及每日活动安排，这对教师来说是很有帮助的。例如，教师可以在开学初的几周记下每日常规和课堂安排，供家长和儿童备查。

个案研究　日复一日，井然有序

罗莎(Rosa)是一个害羞的孩子，但读一年级的她总是很开心。她的老师总是令人感到温暖和受欢迎的，罗莎总是清楚什么时候自己应该在哪里，以及应该做什么。

有一天，罗莎的老师生病了，学校安排了另外一位老师来代课。由于某些原因，当天代课老师并没有按时来到学校。班上的同学有条不紊地开始每日常规：他们到校后就会把书包和外套放在自己的储物柜里，拿出自己的日记本，回到座位上，然后根据黑板上的每日日程提醒，在本子上写下自己的回复。

代课老师在第一节课开始了大约 15 分钟后到达，她进入班级后，甚至以为自己进错教室了。同学们安静地在自己的座位上自习，而且几乎没人注意到他们的老师并不在；他们有一套公认的上学日每天都需要完成的常规，而且相当清楚老师的期望。

建立清晰的课堂常规和期望

对害羞儿童而言，在新学年伊始，一个与新奇有关的重要压力源来自规则和常规的不确定性。大多数儿童，特别是那些害羞的儿童，在具有清晰、一贯的行为期望的班级里更成功。害羞儿童更容易对不一致、随意的纪律规则感到焦虑，并有可能在面对这种不确定性时无所适从。为了帮助害羞儿童减少这些担忧，教师应该从学年伊始就设定清晰的课堂规则。这不仅从总体上说是良好的班级管理实践，而且对害羞儿童特别有利。

此外，既定的课堂常规有助于减轻害羞儿童体验到的压力。当孩子们明白了每日常规，对上学和度过上学的每一天就不会那么害怕了。事实上，公认的常规很有助益，因为这能使不同活动之间的过渡更为平稳，大家的时间安排也更为高效。对教师而言，建立并告知儿童常规和期望需要他们在开学伊始投入大量时间，收益在于之后几乎不需要花什么精力来提醒儿童这些常规和期望。另外一个好处是，当意料之中或之外的事（例如，代课教师、校外考察或全校大会）导致了班级常规的变化，儿童在以下两种情况下会适应得更好，表现得更自信：一是教师对儿童的行为期待不变；二是这种对每日常规的干扰是暂时而非常态的（如本章开篇的个案研究）。我们在专栏 8－1 中罗列了一些具体的建议，来探讨如何建立清晰的课堂常规和期望。

当然，课堂和学校常规不可避免会发生变化。其中一些变化（如校外考察和全校大会）是可以提前预见和计划的，其他的变化（例如，教师病假或紧急情况）则是意料之外且无法提前计划的。只要有可能，教师就应将这些变化提前通知班级学生。教师可以通知整个班级并在班级日历上发布，从而帮助孩子了解并能倒计时最近将进行的活动。这一类通知应该包括以下信息：什么会变化，什么不会变化，以及因情境变化而改变的对儿童言行的期望。举例来说，实地考察活动为观看现场的戏剧表演时，教师对儿童行为的期望包括：在演出期间保持安静，不要随意离开座位。提前通知能帮助所有儿童更顺利地适应日常常规中发生的变化，但特别有利于那些担心变化的害羞儿童。此类日程安排出现变化时，教师可能有必要对害羞儿童进行一对一的追踪，因为这些儿童不愿意在公众面前被提问。或者可以将害羞儿童与他人配对，一起来讨论即将进行的活动（利用同伴来帮助害羞儿童，我们将在下一节详细讨论这点）。

专栏 8-1　建立清晰的课堂常规和期望

● 发布并解释常规的每日计划；

● 发布每日安排以及长期的学期日历，这样儿童可以随时参阅；

● 描述课堂常规，并适时提醒儿童（例如，早上到校时，把自己的东西收拾好，然后开始写日记①）；

● 描述并适时提醒你对儿童的行为期望（例如，当教师或同班同学发言时，儿童应当聆听）。

学校环境是时常变化的。虽然许多儿童会因为这样的动态环境而精力充沛，但对害羞儿童而言，这将伴随着诱发不安和压力的不确定性。面对整体环境的变化，教师应尽可能使班级成为一个可预期的组织结构，这样能帮助害羞儿童更好地面对环境变化对他们的要求。

减少害羞儿童对他人评价的担忧

正如我们在第六章中讨论的，课堂是令害羞儿童伤脑筋的地方，部分原因在于其过于看重评价（无论是真实的还是自我感知的）。当然，在课堂上，教师会给予不少真实的评价，引发害羞儿童某些行为表现困难。而害羞儿童常常在与权威人士（如教师和其他学校工作人员）互动时有困难，因为他们觉察到自己被他人评

① 美国小学生在日记中主要记录的是自己对某一个话题的感想或当日的班级活动。——译者注

价，即使事实并非如此。正如我们后文将讨论的，通过建立教师和害羞儿童之间的和谐关系，帮助害羞儿童积极参与课堂交流，可以有效减少他们对他人评价的担忧。

逐渐了解害羞儿童

减少害羞儿童对评价的担忧，至关重要的第一步是和他们建立积极的关系。要做到这一点，最好的办法就是逐渐了解他们！正如我们在第六章中详细讨论的，想要了解班里的害羞儿童，往往说起来容易做起来难。但还是有一些策略可以有效帮助教师在学年伊始了解这些儿童。首先，有些学校会要求学前班教师对班上每个孩子进行家访，这是教师识别害羞儿童的一个好机会。前提条件是教师要知道向家长（和孩子）问什么问题，以及观察孩子的行为。在家里，害羞儿童不太可能小心翼翼或不自在（因为他们有本土优势！）。即便如此，一个陌生权威的成人在场仍有可能会诱发其害羞行为。例如，孩子会躲在父母的身后，不愿意说话或说话极其小声，眼神接触勉强，这些都是害羞儿童在班里也会有的表现。

然而，家访并不普遍，特别是当儿童进入小学阶段以后。一种替代方法（本章前面也提及了）是电话联系家长，这也有助于获取更多关于孩子的信息。另一个简单易行的有效方法是简短的家长问卷（可用于了解孩子的羞怯及其他行为特征），以此了解这些孩子的兴趣、行为和个性。问卷可以在开学前通过信件或电子邮件发送，然后在开学初和其他需填写的表格一并上交。我们也曾看到教师在返校公开日分发这类问卷，以便立即收集信息。随着儿童进入高年级，此类问卷更适合由他们自己填写。儿童其实挺喜欢填写有关自己的问卷。这种问答格式以及没有对错之分的回答有助于减少担忧，因此，从儿童这里可以获得更有用的信息。从年长儿童那里获得的关于个人兴趣和个性的信息，比从家长那里获得的更有用；这种问卷调查和入学第一天的新生适应活动一样有益。

与儿童进行积极的互动

除了这些旨在更好地了解害羞儿童的努力，减少他们对社会评价担忧的另一个途径是，无论害羞儿童的学业表现或课堂表现如何，教师在与他们的互动中始终表现出接纳。正如凯瑟琳·温策尔(Kathryn Wentzel)在其有关儿童在学校获得成功的著作中提到的，好教师就像好父母一样：当教师令人觉得是温暖和支持的，儿童就能茁壮成长(Wentzel，2002)。

那么，教师怎么才能表现出无条件接纳？表达方式有很多，例如，保持微笑，用积极的口吻说话，交流时与儿童眼神接触，鼓励儿童，与班级里的儿童及成人沟通时使用礼貌和尊重的语言。我们在专栏 8-2 中罗列了其他一些特定策略。它们能有效地促进师生关系的积极发展。正如我们了解的，师生之间的积极关系能促进儿童在社交和学业方面有着长久的成功，而且这对害羞儿童的学校适应特别有帮助。

儿童参与课堂活动的各种方式

正如我们在第五章中讨论的，典型的小学(或初中)课堂教学都是在大组中进行的，教师通常期待儿童先举手或被教师点名后在全班同学面前发言。因为这会使自己成为即时的关注焦点，并感觉难堪，所以害羞儿童通常像躲瘟疫一样回避这样的班级讨论。然而，也有其他方法能鼓励害羞儿童参与威胁较少的课堂活动和讨论，最终引发他们更周全的回答。

专栏 8－2　促进教师与害羞儿童的积极互动

- 每天在教室门口叫每名儿童的名字，与之打招呼。

这能确保每名儿童每天至少有一次机会和教师互动，而且以一种积极的基调开始一天的学习。

- 询问儿童的校外活动和兴趣。

了解儿童参与的校外活动能启发教师理解儿童，调动其参与班级活动的积极性，有助于教师鼓励害羞儿童挑战自己。

- 私下里认可害羞儿童在课堂内外的成功。

坚信教师在乎自己成功与否的儿童会更用功——这将促使害羞儿童更好地适应班级环境，并在与教师相处时感到更自在。

一种方法是首先让儿童在与班级同学分享自己的观点或反馈前，花一点时间将它们写下来。通过这样一个缓冲过程，儿童可以将自己记录的想法先与自己的合作小伙伴分享，然后这对儿童可以一起决定与班级同学分享哪些观点（之后他们可以一起和大家分享的观点）。有一些不同的方法适用于年幼儿童。例如，儿童可以画出他们的想法，然后和小伙伴讨论自己的画作，或一起制作描述他们共同观点的画作。这样的方法让儿童有时间思考，得到别人对自己想法的反馈，然后与大家分享；这一过程能帮助害羞儿童以一种较少威胁的方式，更有意义地（以结构化的同伴参与方式）参与课堂讨论。这一方法也借鉴了分级暴露法，鼓励害羞儿童争取在全班同学面前发言（在第七章中有描述）：先通过和一个或几个同学沟通，然后与全班同学分享小组公认的信息。其中一个特别有效的方法称为"思考—配对—分享"，我们在专栏 8-3 中详细描述了这个方法。

专栏 8-3　思考—配对—分享

- 对儿童进行分组：以四人为一组，每组两对同伴。
- 指导所有儿童根据问题独立地写下自己的回答（比如，我们刚刚读的故事大意是什么？）（建议时长：1—3 分钟）。
- 让儿童和自己配对的同学分享他们写下的答案。他们应该一起讨论彼此的回答，而不是读给对方听；然后，把双方的回答整合成他们这一配对小组的作答（建议时长：3—5 分钟）。
- 让儿童将他们两人的回答和组里另外一对同学分享。同样，他们需要讨论双方的回答，而不是读给对方那一对同学听；然后，把双方的回答整合成一个新的团队答案（建议时长：3—5 分钟）。
- 请四人组中的一名儿童和全班同学分享自己小组的回答。

另一个鼓励害羞儿童以及更多其他儿童参与课堂活动的方法，是让儿童用非语言符号回答问题。这可以有助于那些沉默寡言、不愿在大家面前发言的害羞儿童拥有公平的竞争环境。这样的符号多种多样，包括手势（例如，用向上、向下、侧向竖起大拇指来分别表示是、否、可能)或儿童希望使用的符号(例如,是/否、真/假或 A/B/C/D)。教师通过对儿童提问来了解他们对某一个概念的大致理解程度(例如,“谁知道形容词和副词之间的区别?”)或征求班集体的意见(“我们是不是该读《夏洛特的网》?”)。教师也可以越来越多地使用电子设备获得即时和匿名的班级反馈 ——这些系统允许儿童以多项选择或属实与否的方式来回答教师的问题。他们的回答可以被立即记录和显示,这样大家都可以看到儿童的作答率以及他们对某一个问题的理解、认同程度或观点。这些电子作答系统的匿名性质比符号或手势更吸引害羞儿童,但这需要学校购买专门的硬件和软件。

手势示意、发出信号以及使用电子设备收集儿童反馈并不太适用于课堂讨论。因此,当面对更复杂的、需要儿童不仅仅回答是或否或作答客观题时,儿童可以匿名回答。在课堂讨论前,他们可以将自己匿名的问题、评价或反馈放在班级问题收集箱里,然后教师(或儿童)可以将之大声念给全班同学听,并把问题或反馈整合成课堂讨论的话题。

教师的讲话

在集体环境中,在诸如展示说明活动和圆圈时间,教师会向害羞儿童直接提问。实际上,研究表明,儿童发言越少,教师就越有可能向他们提问!频繁的提问因为强化了教师的权威者形象,令害羞儿童更加感到害怕。这样,教师可能无意中压制了害羞儿童与他人分享想法的意愿。教师可以通过少问些问题来获得害羞儿童较为细致的回答。同时,教师可以在发言中加入一些交际用语(表示赞同的陈述,例如,“这样啊”“噢噢”),或者分享自己的经历

(例如，“我也一样”)。如前所述，玛丽·安·埃文斯(Evans & Bienert, 1992)发现，当教师使用交际用语越多，直接提问越少，并给予更宽裕的回答时间，害羞的学龄前儿童就更有可能在展示说明环节发言并阐述自己的观点。

教师也可以通过要求儿童轮流发言的游戏来鼓励他们更多地参与交流。例如，类似“钓鱼”(Go Fish①)游戏，需要儿童轮流向其他参与者索要卡片，或者回复他人的索要。这样，害羞孩子也有机会发言，而不是一味地被更健谈的孩子淹没。当然，教师有时也直接询问孩子问题。策略之一是向害羞孩子询问教师确定他们能够回答的问题，这有助于他们慢慢建立自信。在孩子作答后，教师可以对他们的发言和其他积极主动的社交行为进行表扬。但在这里，教师要注意，表扬时不要引发他人对害羞孩子过多的关注(回顾我们之前提及的，当害羞儿童处于被关注的焦点时，即使是出于积极的原因，他们也会感到不自在)；同时注意表扬不要过于明显，可以用微笑、眨眼示意、手势或其他细微的方式进行表扬，或在课后给予表扬。

优化测试环境

害羞儿童会在没有任何评价的情境下认为自己正被他人评价。当然，在教育情境中，害羞儿童确实经历着常规性的评价。在第五章，我们讨论了测试情境是如何诱发害羞儿童的焦虑和表现不足的。与我们之前的描述一致，雷·克罗泽等人(Crozier &

---

① “Go Fish”是一种常见的儿童纸牌游戏。玩家需要以两种方法集齐有特定面值的纸牌，方法之一是从其他玩家那里索取，这样害羞儿童就需要通过同伴互动来索要卡片或者回复他人的索要。——译者注

Perkins，2002；Crozier & Hostettler，2003)的研究发现，单独评估(即一对一测试)对害羞儿童而言特别有压力。因此，尽管不是在全班同学面前发言，要求儿童在课间直接向教师做口头报告也未必能减轻害羞儿童的压力。

我们认为，修改和调整测试方式来契合班级每名儿童的特点并不现实。但教师应当留意害羞儿童的特征是如何影响他们的考试表现的，并基于此对测试方式进行适当的调整。例如，我们鼓励教师在可能的情况下使用以集体为单位的书面测试，因为这似乎比别的方式(例如，一对一测试)更不易让害羞儿童感到焦虑。

小调整也会带来大收获。例如，测试情境越匿名，害羞儿童感受到的压力和困难就越少。增加匿名感的一种方式是在考场安置临时的独立隔断，这样儿童在作答期间不会感觉被他人观察或评价。另一种较小的调整，也是优秀的教学实践，是给儿童分发用于备考的学习指南。当害羞儿童在备考时有一些实体的参考指南，他们的应考焦虑就会大大减少。对于口头测试，教师应该提前和害羞儿童进行一对一的谈话，表示自己理解他们可能体验到的压力(而且告诉他们，公众演讲对很多人来说都是有压力的)。对于儿童应该如何应对这样的压力(例如，面对镜子演练)，教师也可给予支持、鼓励，并提供一些具体策略。

促进害羞儿童与同伴的积极互动

正如我们看到的，仅仅同伴在场就能让害羞儿童感到有压力。此外，班级环境不仅有很多同伴，而且要求同伴之间互动，因此充斥着害羞儿童的压力源。教师可以使用一些策略，来缓解害羞儿童面对班级同伴时的紧张和压力。与本章的很多其他建议一样，旨在帮助害羞儿童的建议也是健全课堂管理技巧的一部分。

减少同伴交往中的不确定性

同班同学引发害羞儿童压力的原因之一，是因为同伴交往蕴含着不确定性。害羞儿童容易担心与同班同学进行的互动（“谁将是我的合作伙伴？”“我会和谁坐在一起？”“有人愿意和我玩吗？”）。正如我们看到的，这种担忧以及对发起社交互动的不自在感，令人既焦虑又易分心。因此，减少同伴互动的不确定性尤为重要，可以显著减缓害羞儿童的压力（以及班级里的混乱情况）。

这种方法的实例之一是，教师分配合作小伙伴或配对组，而不是让他们自己去“选择一个小伙伴”或“和邻座配对”。这不仅能让害羞儿童不那么紧张，而且能让课堂活动更高效地进行。这种操作也可以消除儿童（通常是害羞孩子）因为没有伙伴而产生的问题。没有伙伴会导致害羞儿童吸引更多关注，越发强化他们的压力和尴尬。教师为儿童选择伙伴的另一个好处是，能够避免喧闹和精力旺盛的儿童与相似的同龄人配对（这样会造成更多混乱）。教师分配小伙伴和配对组，将同伴/伙伴之间的问题归结于教师而不是儿童，有助于将潜在的消极关注（和压力）从儿童这里转移掉（即我们被安排在一起是教师的错，既然这样，我们就尽力而为吧）。

利用战略合作伙伴

另一种方法是从策略上将害羞儿童与更善于社交、更外向的同伴配对，这对他们入学伊始的适应特别有帮助。合作伙伴坐在一起完成课堂任务，作为一个团队来探索陌生的班级（和学校）环境。这种方法通过让伙伴们一起完成挑战并形成紧密关系，来提升害羞儿童的同伴关系质量。让害羞儿童与具备组建同伴群体能力的外向同学配对，能扩展他们自己的同伴群体。同时，这也促进了外向儿童对害羞同伴的理解和接纳，促进原本不太可能成为朋友的孩子之间的友谊。

如果可能，害羞儿童应该与有点敏感、不太外向的同伴配对（因为太外向的伙伴会使得害羞儿童更退缩）。教师也应了解我们的一些研究发现（Arbeau，Coplan，& Matheson，2012）：年长些的害羞儿童更可能过度依赖自己的朋友——将朋友作为社交代理人（例如，在社交情境中让朋友代替自己发言）。因此，促进相对平衡的战略伙伴关系十分重要，这样，害羞儿童就不会完全依赖另一个孩子来取得社交成功。

同样，教师可能需要聘请朋辈导师。这大多适用于中学环境而不适用于小学。但我们对朋辈导师有着清晰的定位，他们可以是年长者，也可以是同龄人，但都具有优秀的领导力，喜欢与他人互动，特别善于令其他孩子放松，或让他们感到受欢迎。当一个害羞儿童在压力下需要支持时，教师也可以从朋辈导师这里获得帮助。

利用朋辈导师并不需要在学校专门设置一个朋辈辅导项目。还记得我们之前讨论过的利用同伴来帮助害羞儿童为课堂常规的变化或即将举行的活动做准备吗？这可以是朋辈导师发挥作用的方式之一。这种方法的一个显著优点是，在学年后期或将来，害羞儿童也可以作为朋辈导师帮助另一个新入学的害羞孩子！

密切关注班级中的同伴互动

最后，教师很容易因为忙碌而忽视害羞儿童的同伴互动(或缺乏互动的情形)。因此，教师持续、密切地关注班里孩子之间的互动是十分重要的，尤其要留意害羞儿童参与同伴交流和活动的情况。害羞儿童往往非常善于保持低调而不被人关注。虽然保持低调、不被教师或其他孩子关注有助于在短期内减轻害羞儿童即时的压力感，但这对他们长期的社会和学业成功是有害的。

正如我们在第三章中所述，害羞儿童不愿参与和同伴或他人的社交互动，会迅速发展成为一种行为模式：缺乏互动会导致互动能力不足，进而导致儿童更加不愿意参与互动。因此，教师对害羞儿童这种行为的警觉至关重要，这样他们可以在必要时进行干预(越早干预越好)。

结论

典型的班级环境带给害羞儿童的挑战——新奇事物、社会评价、同伴互动——都可以通过特定的策略来帮助儿童成功面对。如将害羞儿童和非害羞同伴配对成合作小伙伴，或者对害羞儿童小小的成功给予微妙或私下的表扬，都是帮助害羞儿童的特定策略。但这些策略中的很多，如与儿童积极互动、建立明确的课堂常规，都是常用的优秀教学实践。所有这些策略都需要教师积极参与工作中最重要的部分——逐渐了解班上的孩子(见专栏 8 - 4)。

专栏8-4 实用策略便览

应对新奇事物

- 让儿童熟悉学校和班级环境。
- 加强教师与儿童及家长之间的沟通。
- 建立清晰的课堂常规和期望。
- 减少害羞儿童对他人评价的担忧。
- 逐渐了解害羞(和所有)儿童。
- 表达温暖和接纳。
- 了解害羞儿童独有的特征。
- 儿童参与课堂活动的各种方式。
- 优化测试环境。
- 促进害羞儿童与同伴的积极互动。
- 减少同伴交往中的不确定性。
- 利用战略合作伙伴。
- 利用朋辈导师。
- 密切关注班级内的同伴互动。

第九章
展望未来：身处全新世界的害羞儿童

个案研究　未来就在此刻

贾森(Jason)站在他的储物柜旁，反复思考、担忧和焦虑自己应该如何邀请一位女生去参加学校的舞会。贾森沉浸在这样的思绪中，当手机响起时，他吓了一跳。他看见手机屏幕上出现了埃丽卡(Erica)的一条短信，问他是否想和她一起去跳舞。尽管感到慌张、脸红和张口结舌，贾森还是小心翼翼地回复了“是的”，并在接下来的一整天都暗自窃喜。

在这一章，我们将先简要回顾前几章中的一些重要观点。到目前为止，我们已经了解了很多有关童年期害羞发展的信息及其对学校适应的启示。然而，该领域还有许多未解的问题以及未来要做的研究。此外，当代社会迅速变化的本质对害羞儿童有着巨大的影响。基于这一点，我们随后会从以下几个角度来进一步探讨害羞：变迁中的性别角色态度，害羞在跨文化中的异同，以及新兴技术对害羞儿童社会交往的潜在影响。

回顾：本书的重要观点

我们在本书中向大家呈现了丰富多样的信息。在展望我们理解的童年害羞的某些未来研究方向之前，让我们先来一起回顾和扼要重述前面各章的要点。

第一章　什么是害羞？

● 害羞是出现在生命早期的气质特征，它的发展相对稳定。

● 害羞儿童通常在遇见陌生人时很警惕，成为关注焦点时会表现得很不自在。

● 害羞儿童通常想要与他人互动，但这种社会性动机与他们在社交情境中的恐惧和焦虑冲突。

第二章　害羞的本质：遗传和生理基础

● 虽然没有一个单独的基因决定个体的害羞，但害羞中的一部分是遗传导致的。

● 许多害羞儿童的神经系统就像一个紧绕着的弹簧，很容易被社会压力触发。

● 生理基础不是决定性的：害羞儿童在家庭和学校中的经历，对他们的社会性发展、情绪和学业发展有极大的影响。

第三章　教养形成的害羞：依恋与父母养育

● 害羞儿童对世界会形成一个普遍看法：世界充满恐惧，且不可预测。

● 家长会在无意中通过向孩子示范焦虑行为、强调环境中的威胁以及过分保护孩子的教养手段，强化害羞儿童的恐惧。

● 教师应记住，自身害羞的家长可能特别担心同样害羞的孩子，而非害羞的家长常常在理解子女的害羞行为、想法和情绪上有困难。

第四章　害羞对儿童发展的利与弊

● 因为害羞儿童独处的时间相对较长，所以他们可能会错过同伴交往对发展的许多重要、独特的益处。

● 极度害羞的儿童很容易在日后形成严重的心理健康问题，包括焦虑障碍和抑郁。

● 尽管这样，很重要的一点是，害羞有着许多积极面，而且许多害羞儿童一路成长得很好。

第五章　班级里的害羞儿童

● 小学班级的典型环境是动态和充满社会性的，这对害羞儿童来说，是有压力和令人感到害怕的。

● 害羞儿童的学业表现不如非害羞的同伴，尤其在语言技能或口语表达方面，而且他们不主动参与班级活动。

● 害羞儿童尤其害怕班级环境中的评价，无论是真实的还是自我感知的，例如，他人对学业表现的评价和测试情境。

第六章　害羞儿童与教师

● 教师营造班级里的情绪氛围，积极的氛围对害羞儿童特别有利。

● 教师如果很难了解班上的害羞儿童，那将导致他们对这些儿童的能力或兴趣的消极感知。

● 害羞儿童的师生关系不如非害羞儿童的积极，但积极的师生关系特别有利于学校里的害羞儿童。

第七章　帮助害羞儿童的最佳实践：一般方法

- 帮助害羞儿童需要耐心和理解：变化不会在一夜之间发生。
- 从临床心理学改编的用以减轻焦虑的方法（例如，分级暴露法、认知行为疗法、正念疗法）可以有效施用于害羞儿童。
- 一些基于班级的帮助害羞儿童和社交焦虑儿童的项目已经获得实证研究对其的有效支持。

第八章　帮助害羞儿童的最佳实践：特定策略

- 为了帮助害羞儿童应对新奇事物，我们应该提供机会，让他们可以在入学前参观校园、拜访教师，促进教师、儿童和家长之间的沟通，以及建立清晰的课堂常规和期望。
- 为了减少害羞儿童常有的对他人评价的担忧，教师应该努力尝试了解所有儿童，表达温暖和接纳，理解害羞儿童独有的特征和需要，使儿童参与班级活动的方式多样化；同时，应优化测试环境。
- 为了提升害羞儿童积极的同伴互动，教师应减少同伴交往中的不确定性，利用合作小伙伴和朋辈导师等策略，并密切关注班级内的同学互动。

展望未来：变化，变化，再变化

最近 25 年，对儿童害羞的发展和启示的研究兴趣大大提高了。越来越多的研究开始关注如何促使父母、教师和其他成人更多地去了解害羞儿童。然而，我们对害羞的了解还有许多空白，而且持续的社会变迁也为我们开辟了新的研究思路。在本节中，我们会简要讨论一些新兴的研究方向,它们在未来对教师与害羞儿童的互动起着重要作用。

害羞的男孩 vs. 腼腆的女孩

害羞有性别差异吗? 据我们目前所知,与害羞的许多其他特征一样,这个看似简单的问题实则十分复杂。这一点可能不会让你很惊讶。第一个要考虑的方面是性别差异是否具有普遍性。也就是说,一般情况下,女孩是否比男孩更害羞,或反之亦然?

这个问题的答案大多是否定的。当我们使用父母、教师和同伴报告或观察来测量害羞时,通常会发现性别差异并不明显。但当年长儿童自我报告害羞时,例外就出现了。在童年后期和青少年期,女孩实际上自我报告的害羞要高于男孩。其中有一些可能的原因:例如,这也许是因为该年龄段的女孩越来越容易发生焦虑、抑郁和其他内化问题(众所周知,女性比男性更有可能出现内化心理障碍,这一差异从青少年期就显现了)。或者,也有可能是男孩在向他人报告自己的害羞时避重就轻了(最新综述详见 Doey, Coplan, & Kingsbury, 2014)。

第二个解释是,性别差异可能部分地因性别刻板观念的社会压力和期望所致。的确,因为害羞行为和情绪违背了社会对男性自信果敢的性格和主导作用的期待,男生表现出的害羞更少被社会接纳。这引发了另一个关于性别和害羞的问题:害羞可能对男孩和女孩有着不同的影响? 这个问题的答案,至少在某种程度上似乎是肯定的。例如,有证据表明,女孩的害羞行为更能得到父母的奖励和接纳,而男孩的这一行为是不被鼓励的,而且会导致更多的消极互动。同样,害羞男孩比害羞女孩更有可能被同伴排斥和拒绝(Doey et al., 2014)。有趣的是,我们在教师这里没有发现这样的模式。也就是说,我们一些有关教师的研究表明,他们对害羞儿童的态度、反馈以及与其建立的师生关系,并不存在显著的男女差异(Coplan, Bullock, Archbell, & Bosacki, 2015; Coplan, Hughes, Bosacki, & Rose-Krasnor, 2011)。也许,教师接受的培训和自身的教学经验超越了有关害羞的性别刻板观念。

此外,如本章开头的个案所示,在当代社会,传统的性别期待、刻板印象和信仰似乎越来越多地受到外界的削弱。例如,有一项有关出生于20世纪20年代末的美国婴儿的经典研究:阿夫沙洛姆·卡斯皮(Avshalom Caspi)及其合作者发现,年幼时害羞的男性成家立业相对较晚(Caspi, Bem, & Elder, 1988)。相反,女性中没有表现出这种差异。然而,在最近一项有关德国青年的纵向研究中,延斯·阿森道夫等人发现,年幼时害羞的男女性在人生大事上有着相似的延迟(Asendorpf, Denissen, & van Aken, 2008)。

对教师来说,他们需要考虑与儿童性别相关的问题。虽然教师不太可能受性别刻板观念的影响,但同伴、父母和社会还是区别对待害羞的男孩和女孩。因此,敏感地捕捉到害羞行为细微的性别差异是很重要的,尤其是随着儿童年龄的增长。例如,随着青少年逐渐适应社会对性别刻板行为的期望,害羞女孩可能更容易退出课堂上的社交对话,特别是在常见的男性主导的学科中,如科学。

这是一个害羞的世界

到目前为止,本书讨论的害羞研究都是在北美或西欧国家进行的。近年来,有关非西方文化下儿童害羞的研究正在迅猛增长。

我们越来越多地看到，害羞（以及许多其他社会行为）的内涵和启示在不同文化中有着显著的差异。

例如，在传统的中国社会中，谨慎小心和内敛行为往往得到他人积极的评价，甚至高度的鼓励。事实上，害羞和安静的行为被认为是尊重他人的，反映了谦虚、社会成熟和理解力。陈欣银教授及其合作者早些年的研究发现，中国的害羞儿童比不害羞的同伴学习成绩更好，在班级同学中更受欢迎，而且被教师视为学生干部和模范生（Chen, Rubin, & Li, 1995）。这一研究结果与在西方文化中发现的结果相反，在一定程度上支持了害羞的跨文化差异。

但在过去的 20 年里，中国经历了大规模的经济改革和翻天覆地的社会变化。陈欣银教授及其合作者提出，为了适应日渐激烈的竞争环境，积极主动和自我表达的行为特征在当代中国正逐渐被接受（Chen, Cen, Li, & He, 2005）。与此相关的害羞行为在中国文化中的适应价值则在逐渐降低。最新的一些研究表明，中国大城市的害羞儿童正经历着社会—情感方面的困难，包括被同伴拒绝、较少担任班级或学校干部以及心理抑郁（Ding et al., 2014; Liu et al., 2014）。这些都与早些年的发现形成了鲜明对比。经济和社会的变迁如此之快地渗透到儿童行为的社会意义，令人非常感兴趣。尽管如此，这些变化在农村地区并不明显，害羞儿童仍然被他人认可，而且在很多方面都有积极的发展（Chen, Wang, & Cao, 2011）。我们需要更多的未来研究来继续探索中国正经历的社会变迁是如何影响儿童发展的方方面面的。

随着课堂向多民族化和多元文化的持续演变，教师越发需要考虑不同文化中害羞的意义。例如，在西方文化中，虽然众所期待的课堂行为包括主动发言和积极回答问题，但教师应注意儿童行为上的差异可能源自他们不同的文化价值观，一些文化可能认为温顺娴静是尊重他人的表现。我们在本书中普遍认为，害羞是基于儿童气质或人格的特征之一。尽管受文化驱使的害羞行为可能看似相同，但其潜在的根源和内部过程是非常不同的。

害羞 vs. 社交网络

最后，当代社会最迅猛的变化就是技术的快速进步，尤其是用于以电脑为媒介的沟通和社交网络的技术。信息时代的转型以及它对人类发展影响的研究才刚刚开始，我们知之甚少。事实上，如此之快的技术变化，很可能导致这方面的研究似乎一发表就已经过时！

信息技术对害羞儿童和青少年社交生活的影响意味着什么，学术界有着互相矛盾的理论。一方面，社会补偿说认为，害羞、内向和社交焦虑的个体会在互联网中寻求与同伴沟通并建立关系。也就是说，以电脑为媒介的沟通形式为害羞儿童的社交提供了一个不那么容易诱发焦虑的情境。如本章的个案研究所示，通过短信交流，可以减轻害羞儿童在社交中体验到的压力。在这种沟通情境中，害羞儿童不用担心社交焦虑的任何外在表现(例如，脸红、说话结巴)，可以随时暂停，可以在没感觉受到公众监督的情况下斟酌自己的行为反应。网络通信的匿名性也能帮助害羞儿童在一个安全的环境下探索自我，克服不自在感，以及磨炼自己的社交技能。这些经历可能会转化为今后成功的面对面的社交互动。

另一方面，另一个理论是源自“富人更富”的假说，认为好交际、开朗和外向的人是网络这个社交媒体的最大受益者。社交技能好、有着很多朋友的人会利用网络交流进一步强化自己已有的真实的社交网络。相反，害羞和社交焦虑的人较少从网络互动中受益，并发现自己在这样的平台上同样不善社交。另外，退至让自己感到压力小一些的在线和虚拟沟通，也可能导致他们真实世界的社交关系更为糟糕。

随着这些技术越来越多地被引入教学，教师应密切注意这些技术对害羞儿童的影响。外界越来越多的压力要求教师在教学中使用这些新技术。事实上，一些学校会提供儿童平板或者笔记本电脑来促进他们对这些技术的使用。许多教师借用社交媒体类平台来促进师生之间、儿童之间以及他们与网络学术社区的沟通。与社会大环境一样，如今学校希望越来越多地使用这些计算机科学技术。不论哪个假说是正确的，这些技术对害羞儿童的影响，都取决于他们是如何利用社交媒体和技术与他人互动的。这些技术可能会给他们构建一个公平竞争的平台，也可能使他们和其他外向孩子之间的差异更大。无论是何种结果，教师均应注意，面对班级里各种先进技术的使用，害羞儿童的反应和其他人的反应可能不一样。敏感度和适时调整的能力对教师未来的教学和班级管理十分重要。

结束语

孩子们的学校生活，特别是小学阶段的生活，为他们今后的发展轨迹奠定了基础。但我们要记住，他们是有心理弹性的。只要知道如何关注孩子们发出的信号，我们就能了解他们的需求。希望本书提供了读懂害羞儿童的指南——能让我们更清晰地识别他们传递的信号，也能让他们发展的道路更加顺畅。

参 考 文 献

Ainsworth, M. D. S., Blehar, M. C., Waters, E., & Wall, S. (1978). *Patterns of attachment: Assessed in the strange situation and at home*. Hillsdale, NJ: Erlbaum.

American Psychiatric Association. (2013). *Diagnostic and statistical manual of mental disorders* (5th ed.). Washington, DC: American Psychiatric Press.

Arbeau, K. A., Coplan, R. J., & Matheson, A. (2012). Someone to lean on: Assessment and implications of social surrogate use in childhood. *Social Development, 21*, 254–272.

Arbeau, K. A., Coplan, R. J., & Weeks, M.(2010). Shyness, teacher-child relationships, and socio-emotional adjustment in grade 1. *International Journal of Behavioral Development, 34*, 259–269.

Arcus, D. (1989). Vulnerability and eye color in Disney cartoon characters. In J. S. Reznick (Ed.), *Perspectives on behavioral inhibition* (pp. 291–297). Chicago, IL: University of Chicago Press.

Asendorpf, J. (1990). Beyond social withdrawal: Shyness, unsociability and peer avoidance. *Human Development, 33*, 250–259.

Asendorpf, J. B., Denissen, J. J. A., & van Aken, M. A. G. (2008). Inhibited and aggressive preschool children at 23 years of age: Personality and social transitions into adulthood. *Developmental Psychology, 44*, 997–1011.

Baer, R. A. (2014). *Mindfulness-based treatment approaches: Clinician's guide to evidence base and applications*. Waltham, MA: Academic Press.

Bandura, A. (1977). *Social learning theory*. Englewood Cliffs, NJ: Prentice-Hall.

Barrett, P. M., & Turner, C. (2001). Prevention of anxiety symptoms in primary school children: Preliminary results from a universal schoolbased trial. *British Journal of Clinical Psychology, 40*, 399–410.

Battaglia, M., Ogliari, A., Zanoni, A., Citterio, A., Pozzoli, U., Giora, R., et al. (2005). Influence of the serotonin transporter promoter gene and shyness on children's cerebral responses to facial expressions. *Archives of General Psychiatry, 62*, 85–94.

Baumrind, D. (1975). Some thoughts about childrearing. In Bronfenbrenner, U. & Mahoney, M. A.(Eds.), *Influences on human development* (pp. 270–282). Hinsdale, IL: The Dryden Press.

Beaton, E. A., Schmidt, L. A., Schulkin, J., Antony, M. M., Swinson, R. P., & Hall, G. B. (2008). Different neural responses to stranger and personally familiar faces in shy and bold adults. *Behavioral Neuroscience, 122*, 704–709.

Bohlin, G., Hagekull, B., & Andersson, K. (2005). Behavioral inhibition as a precursor of peer social competence in early school age: The interplay with attachment and nonparental care. *Merrill-Palmer Quarterly, 51*, 1–19.

Booth-LaForce, C., & Oxford, M. L. (2008). Trajectories of social withdrawal from grades 1 to 6: Prediction from early parenting, attachment, and temperament. *Developmental Psychology*, *44*(5), 1298–1313.

Bosacki, S. L., Coplan, R. J., Rose-Krasnor, L., & Hughes, K. (2011). Elementary school teachers' reflections on shy children in the classroom. *Alberta Journal of Educational Research*, *57*, 273–287.

Bowlby, J. (1973). *Attachment and loss: Vol. 2. Separation: Anxiety and anger.* New York, NY: Basic Books.

Boyce, W. T., O'Neill-Wagner, P., Price, C. S., Haines, M., & Suomi, S. J. (1998). Crowding stress and violent injuries among behaviorally inhibited rhesus macaques. *Health Psychology, 17*, 285–289.

Buhs, E. S., Rudasill, K. M., Kalutskaya, I. N., & Griese, E. R. (2015). Shyness and engagement: Contributions of peer rejection and teacher sensitivity. *Early Childhood Research Quarterly, 30,* 12–19.

Burstein, M., & Ginsburg, G. S. (2010). The effect of parental modeling of anxious behaviors and cognitions in school-aged children: An experimental pilot study. *Behaviour Research and Therapy, 48*, 506–513.

Buss, A. H. (1986). Two kinds of shyness. In R. Schwarzer (Ed.), *Self-related cognitions in anxiety and motivation.* Hillsdale, NJ: Erlbaum.

Cain, S. (2012). *Quiet: The power of introverts in a world that can't stop talking.* New York, NY: Crown Publishers.

Campbell, H. (1896). Morbid shyness. *The British Medical Journal, 2*, 805–807.

Caspi, A., Bem, D. J., & Elder, G. H. (1988). Moving away from the world: Life-course patterns of shy children. *Developmental Psychology, 24*, 824–831.

Chen, X., Cen, G., Li, D., & He, Y. (2005). Social functioning and adjustment in Chinese children: The imprint of historical time. *Child Development, 76*, 182–195.

Chen, X., DeSouza, A., Chen, H., & Wang, L. (2006). Reticent behavior and experiences in peer interactions in Canadian and Chinese children. *Developmental Psychology, 42,* 656–665.

Chen, X., Rubin, K. H., & Li, B. (1995). Social and school adjustment of shy and aggressive children in China. *Development and Psychopathology*, 7, 337–349.

Chen, X., Wang, L., & Cao, R. (2011). Shyness-sensitivity and unsociability in rural Chinese children: Relations with social, school, and psychological adjustment. *Child Development, 82*, 1531–1543.

Christopher, J. S., Hansen, D. J., & MacMillan, V. M. (1991). Effectiveness of a peer-helper intervention to increase children's social interactions: Generalization, maintenance, and social validity. *Behavior Modification, 15,* 22–50.

Chronis-Tuscano, A., Degnan, K. A., Pine, D. S., Pérez-Edgar, K., Henderson, H. A., Diaz, Y., Raggi, V. L., & Fox, N. A. (2009). Stable early maternal report of behavioral inhibition predicts lifetime social anxiety disorder in adolescence. *Journal of the American Academy of Child & Adolescent Psychiatry, 48,* 928–935.

Chronis-Tuscano, A., Rubin, K. H., O'Brien, K. A., Coplan, R. J., Thomas, S. R., Dougherty, L. R., et al. (2015). Preliminary evaluation of a multimodal early intervention program for behaviorally inhibited preschoolers. *Journal of Consulting and Clinical Psychology, 83,* 534–540.

Chung, J. Y. Y., & Evans, M. A. (2000). Shyness and symptoms of illness in young children. *Canadian Journal of Behavioural Science, 32*, 49–57.

Clauss, J. A., & Blackford, J. U. (2012). Behavioral inhibition and the risk for developing social anxiety disorder: A meta-analytic study. *Journal of the American Academy of Child and Adolescent Psychiatry, 51*, 1066–1075.

Clifford, S., Lemery-Chalfant, K., & Goldsmith, H. H. (2015). The unique and shared genetic and environmental contributions to fear, anger, and sadness in childhood. *Child Development, 5*, 1538–1556.

Colonnesi, C., Napoleone, E., & Bögels, S. M. (2014). Positive and negative expressions of shyness in toddlers: Are they related to anxiety in the same way? *Journal of Personality and Social Psychology, 106*, 624–637.

Compton, S. N., March, J. S., Brent, D., Albano, A. M., Weersing, R., & Curry, J. (2004). Cognitive-behavioral psychotherapy for anxiety and depressive disorders in children and adolescents: An evidence-based medicine review. *Journal of the American Academy of Child & Adolescent Psychiatry, 43*, 930–959.

Coplan, R. J. & Arbeau, K. A. (2008). The stresses of a brave new world: Shyness and adjustment in kindergarten. *Journal of Research in Childhood Education, 22*, 377–389.

Coplan, R. J., Arbeau, K. A., & Armer, M. (2008). Don't fret, be supportive! Maternal characteristics linking child shyness to psychosocial and school adjustment in kindergarten. *Journal of Abnormal Child Psychology, 36*, 359–371.

Coplan, R. J., & Armer, M. (2005). "Talking yourself out of being shy": Shyness, expressive vocabulary, and adjustment in preschool. *Merrill-Palmer Quarterly, 51*, 20–41.

Coplan, R. J., Bullock, A., Archbell, K., & Bosacki, S. (2015). Preschool teachers' attitudes, beliefs, and emotional reactions to young children's peer group behaviors. *Early Childhood Research Quarterly, 30*, 117–127.

Coplan, R. J., Coleman, B., & Rubin, K. H. (1998). Shyness and Little Boy Blue: Iris pigmentation, gender, and social wariness in preschoolers. *Developmental Psychobiology, 32*, 37–44.

Coplan, R. J., & Evans, M. A. (2009). At a loss for words? Introduction to the special issue on shyness and language in childhood. *Infant and Child Development, 18*, 211–215.

Coplan, R. J., Findlay, L. C., & Nelson, L. J. (2004). Characteristics of preschoolers with lower perceived competence. *Journal of Abnormal Child Psychology, 32*, 399–408.

Coplan, R. J., Girardi, A., Findlay, L. C., & Frohlick, S. L. (2007). Understanding solitude: Young children's attitudes and responses towards hypothetical socially-withdrawn peers. *Social Development, 16*, 390–409.

Coplan, R. J., Hughes, K., Bosacki, S., & Rose-Krasnor, L. (2011). Is silence golden? Elementary school teachers' strategies and beliefs regarding hypothetical shy/quiet and exuberant/talkative children. *Journal of Educational Psychology, 103*, 939–951.

Coplan, R. J., Hughes, K., & Rowsell, H. C. (2010). Once upon a time there were a blushful hippo and a meek mouse: A content analysis of shy characters in young children's storybooks. In K. H. Rubin & R. J. Coplan (Eds.), *The development of shyness and social withdrawal* (pp. 262–276). New York, NY: Guilford.

Coplan, R. J., Ooi, L. L., & Nocita, G. (2015). When one is company and two is a crowd: Why some children prefer solitude. *Child Development Perspectives, 9*, 133–137.

Coplan, R. J., Ooi, L. L., & Rose-Krasnor, L. (2015). Naturalistic observations of schoolyard social participation: Marker variables for socio-emotional functioning in early adolescence. *Journal of Early Adolescence, 35*, 628–650.

Coplan, R. J., & Prakash, K. (2003). Spending time with teacher: Characteristics of preschoolers who frequently elicit versus initiate interactions with teachers. *Early Childhood Research Quarterly, 18,* 143–158.

Coplan, R. J., Reichel, M., & Rowan, K. (2009). Exploring the associations between maternal personality, child temperament, and parenting: A focus on emotions. *Personality and Individual Differences, 46*, 241–246.

Coplan, R. J. & Rubin, K. H. (2010). Social withdrawal and shyness in childhood: History, theories, definitions, and assessments. In K. H. Rubin & R. J. Coplan (Eds.), *The development of shyness and social withdrawal* (pp. 3–22). New York: Guilford.

Coplan, R. J., Schneider, B. H., Matheson, A., & Graham, A. A. (2010). "Play skills" for shy children: Development of a social skills-facilitated play early intervention program for extremely inhibited preschoolers. *Infant and Child Development, 19,* 223–237.

Coplan, R. J. & Weeks, M. (2009). Shy and soft-spoken? Shyness, pragmatic language, and socio-emotional adjustment in early childhood. *Infant and Child Development, 18*, 238–254.

Crozier, W. R. (1995). Shyness and self-esteem in middle childhood. *British Journal of Educational Psychology, 65,* 85–95.

Crozier, W. R., & Hostettler, K. (2003). The influence of shyness on children's test performance. *British Journal of Educational Psychology, 73*, 317–328.

Crozier, W. R., & Perkins, P. (2002). Shyness as a factor when assessing children. *Educational Psychology in Practice, 18*, 239–244.

Darwin, C. (1872). *The expression of emotions in man and animals.* New York, NY: Philosophical Library.

Dealey, C. E. (1923). Problem children in the early school grades. *Journal of Abnormal Psychology & Social Psychology, 18*, 125–136.

Decker, L. E., & Rimm-Kaufman, S. E. (2008). Personality characteristics and teacher beliefs among pre-service teachers. *Teacher Education Quarterly, 35,* 45–64.

Degnan, K. A., & Fox, N. A. (2007). Behavioral inhibition and anxiety disorders: Multiple levels of a resilience process. *Development and Psychopathology, 19,* 729–746.

Deng, Q., Trainin, G., Rudasill, K. M., Kalutskaya, I., Wessels, S., Torquati, J., & Coplan, R. J. (2015). *Preservice teachers' strategies and attitudes toward hypothetical shy, exuberant, and typical children.* Manuscript submitted for publication.

Ding, X., Liu, J., Coplan, R. J., Chen, X., Li., D., & Sang, B. (2014). Self-reported shyness in Chinese children: Validation of the Children's Shyness Questionnaire and exploration of its links with adjustment and the role of coping. *Personality and Individual Differences, 68,* 183–188.

Doey, L., Coplan, R. J., & Kingsbury, M. (2014). Bashful boys and coy girls: A review of gender differences in childhood shyness. *Sex Roles, 70,* 255–266.

Evans, M. A. (2001). Shyness in the classroom and home. In Crozier, W. R. & Alden, L. E. (Eds.), *International handbook of social anxiety: Concepts, research and interventions relating to the self and shyness* (pp. 159–183). Westport, CT: John Wiley & Sons Ltd.

Evans, M. A., & Bienert, H. (1992). Control and paradox in teacher conversations with shy children. *Canadian Journal of Behavioural Science, 24,* 502–516.

Eysenck, H. J. (1947). *Dimensions of personality.* Oxford, England: Kegan Paul.

Fantuzzo, J. W., Stovall, A., Schachtel, D., Goins, C., & Hal, R. (1987). The effects of peer social initiations on the social behavior of withdrawn maltreated preschool children. *Journal of Behavior Therapy and Experimental Psychiatry, 18,* 357–363.

Farmer, T. W., Hamm, M. M., & Hamm, J. V. (2011). Revealing the invisible hand: The role of teachers in children's peer experiences. *Journal of Applied Developmental Psychology, 32,* 247–256.

Finn, J. D., Pannozzo, G. M., & Voelkl, K. E. (1995). Disruptive and inattentive-withdrawn behaviour and achievement among fourth graders. *The Elementary School Journal, 95,* 421–434.

Fox, N. A., Henderson, H. A., Marshall, P. J., Nichols, K. E., & Ghera, M. M. (2005). Behavioral inhibition: Linking biology and behavior within a developmental framework. *Annual Review of Psychology, 56,* 235–262.

Fox, N. A., Henderson, H. A., Rubin, K. H., Calkins, S. D., & Schmidt, L. A. (2001). Continuity and discontinuity of behavioral inhibition and exuberance: Psychophysiological and behavioral influences across the first four years of life. *Child Development, 72,* 1–21.

Freud, S. (1924). The dissolution of the Oedipus complex. *Standard Edition, 19,* 172–179.

Freud, S. (1938). *An outline of psychoanalysis.* London, England: Hogarth.

Freud, S. (1964). An outline of psycho-analysis. In J. Strachey (Ed. and Trans.), *The standard edition of the complete psychological works of Sigmund Freud* (Vol. 23, pp. 141–207). London, England: Hogarth Press. (Original work published 1940)

Furman, W., Rahe, D. F., & Hartup, W. W. (1979). Rehabilitation of socially withdrawn preschool children through mixed-age and same-age socialization. *Child Development, 50,* 915–922.

Gazelle, H. (2006). Class climate moderates peer relations and emotional adjustment in children with an early history of anxious solitude: A child x environment model. *Developmental Psychology, 42,* 1179–1192.

Gazelle, H. (2008). Behavioral profiles of anxious solitary children and heterogeneity in peer relations. *Developmental Psychology, 44,* 1604–1624.

Gazelle, H. H., & Ladd, G. W. (2003). Anxious solitude and peer exclusion: A diathesis–stress model of internalizing trajectories in childhood. *Child Development, 74,* 257–278.

Goldsmith, H. H., Lemery, K. S., Buss, K. A., & Campos, J. J. (1999). Genetic analyses of focal aspects of infant temperament. *Developmental Psychology, 35,* 972–985.

Gordon, E. M., & Thomas, A. (1967). Children's behavioral style and the teacher's appraisal of their intelligence. *Journal of School Psychology, 5,* 292–300.

Gortmaker, S., Kagan, J., Caspi, A., & Shiva, P. A. (1997). Day length during pregnancy and shyness in children: Results from Northern and Southern hemispheres. *Developmental Psychobiology, 31,* 107–114

Gottman, J., & Declaire, J. (1997). *Raising an emotionally intelligent child: The heart of parenting.* New York, NY: Fireside.

Hampton, F. A. (1927). Shyness. *Journal of Neurology and Psychopathology, 8,* 124–131.

Hamre, B., & Pianta, R. (2001). Early teacher–child relationships and the trajectory of children's school outcomes through eighth grade. *Child Development, 72,* 625–638.

Herbener, E. S., Kagan, J., & Cohen, N. (1989). Shyness and olfactory threshold. *Personality and Individual Differences, 10,* 1159–1163.

Hirvonen, R., Aunola, K., Alatupa, S., Viljaranta, J., & Nurmi, J. E. (2013). The role of temperament in children's affective and behavioural responses in achievement situations. *Learning and Instruction, 27,* 21–30.

Hobbes, T. (1909). *The leviathan,* Oxford, England: Clarendon Press. (Original work published 1651)

Hofmann, S. G., Asnaani, A., Vonk, I. J. J., Sawyer, A. T., & Fang, A. (2012). The efficacy of Cognitive Behavioral Therapy: A review of meta-analyses. *Cognitive Therapy and Research, 36,* 427–440.

Hughes, K., & Coplan, R. J. (2010). Exploring processes linking shyness and academic achievement in childhood. *School Psychology Quarterly, 25,* 213–222.

Johnson, S. (1795). *Dictionary of the English language in miniature.* London, England: G Staffard.

Kabat-Zinn, J. (1990). *Full catastrophe living: Using the wisdom of your body and mind to face stress, pain and illness.* New York, NY: Dell Publishing.

Kagan, J. (1994). *Galen's prophecy: Temperament in human nature.* New York, NY: Basic Books.

Kagan, J., Reznick, J. S., Clarke, C., Snidman, N., & Garcia Coll, C. (1984). Behavioral inhibition to the unfamiliar. *Child Development, 55,* 2212–2225.

Kagan, J., Reznick, J. S., & Snidman, N. (1987). The physiology and psychology of behavioral inhibition in children. *Child Development, 58,* 1459–1473.

Kagan, J., Reznick, J. S., & Snidman, N. (1988). Biological bases of childhood shyness. *Science, 240,* 167–171.

Kallapiran, K., Koo, S., Kirubakaran, R., & Hancock, K. (2015). Effectiveness of mindfulness in improving mental health symptoms of children and adolescents: A meta-analysis. *Child and Adolescent Mental Health, 20,* 182–194.

Kalutskaya, I. N., Archbell, K. A., Rudasill, K. M., & Coplan, R. J. (2015). Shy children in the classroom: From research to educational practice. *Translational Issues in Psychological Science, 1,* 149–157.

Karevold, E., Ystrøm, E., Coplan, R. J., Sanson, A., & Mathiesen, K. S. (2012). A prospective longitudinal study of shyness from infancy to adolescence: Stability, age-related changes, and prediction of socio-emotional functioning. *Journal of Abnormal Child Psychology, 40,* 1167–1177.

Kingsbury, M., Coplan, R. J., & Rose-Krasnor, L. (2013). Shy but getting by? An examination of the complex links between shyness, coping, and socio-emotional functioning in childhood. *Social Development, 22,* 126–145.

Kohlberg, L., LaCrosse, J., & Ricks, D. (1972). The predictability of adult mental health from childhood behavior. In Wolman, B. B. (Ed.), *Manual of child psychopathology* (pp. 1217–1284). New York, NY: McGraw-Hill.

Lao, M. G., Akseer, T., Bosacki, S., & Coplan, R. J. (2013). Self-identified childhood shyness and perceptions of shy children: Voices of elementary school teachers. *International Electronic Journal of Elementary Education, 5,* 269–284.

Lewis-Morrarty, E., Degnan, K. A, Chronis-Tuscano, A., Pine, D. S., Henderson, H. A., & Fox, N. A. (2015). Infant attachment security and early childhood behavioral inhibition interact to predict adolescent social anxiety symptoms. *Child Development, 86*, 598–613.

Liu, J., Coplan, R. J., Chen, X., Li, D., Ding, X., & Zhou, Y. (2014). Unsociability and shyness in Chinese children: Concurrent and predictive relations with indices of adjustment. *Social Development, 23*, 119–136.

Locke, J. (1823). An essay concerning human understanding. *The Works of John Locke* (Vol. 2). London, England: Printed for T. Tegg. (Original work published 1689)

Lowenstein, P., & Svendsen, M. (1938). Experimental modification of the behavior of a selected group of shy and withdrawn children. *American Journal of Orthopsychiatry*, *8*, 639–654.

Markovic, A., & Bowker, J. C. (2015). Shy but funny? An examination of peer-valued characteristics as moderators of the associations between anxious-withdrawal and peer outcomes during early adolescence. *Journal of Youth and Adolescence, 44*, 833–846.

McClowry, S. G. (2014). *Temperament-based elementary classroom management.* Lanham, MD: Rowman & Littlefield.

McClowry, S. G., Snow, D. L., & Tamis-LeMonda, C. S. (2005). An evaluation of the effects of "INSIGHTS" on the behavior of inner city primary school children. *Journal of Primary Prevention, 26*, 567–584.

McGuire, S., Clifford, J., Fink, J., Basho, S., & McDonnell, A. M. (2003). Children's reactions to the unfamiliar in middle childhood and adolescence: An observational twin/sibling study. *Personality and Individual Differences, 35*, 339–354.

Mead, G. H. (1934). *Mind, self, and society.* Chicago, IL: University of Chicago Press.

Morris, D. P., Soroker, E., & Buruss, G. (1954). Follow-up studies of shy, withdrawn children—I. Evaluation of later adjustment. *American Journal of Orthopsychiatry, 24*, 743–754.

Negreiros, J., & Miller, L. D. (2014). The role of parenting in childhood anxiety: Etiological factors and treatment implications. *Clinical Psychology: Science and Practice, 21*, 3–17.

O'Connor, E. E., Cappella, E., McCormick, M. P., & McClowry, S. G. (2014). Enhancing the academic development of shy children: A test of the efficacy of INSIGHTS. *School Psychology Review, 43*, 239–259.

Online Etymology Dictionary. (n.d.). Retrieved from www.etymonline.com/index.php?term=shy&allowed_in_frame=0

Pérez-Edgar, K., Reeb-Sutherland, B. C., McDermott, J. M., White, L. K., Henderson, H. A., Degnan, K. A., Fox, N. A. (2011). Attention biases to threat link behavioral inhibition to social withdrawal over time in very young children. *Journal of Abnormal Child Psychology, 39*, 885–895.

Pérez-Edgar, K., Schmidt, L. A., Henderson, H. A., Schulkin, J., & Fox, N. A. (2008). Salivary cortisol levels and infant temperament shape developmental trajectories in boys at risk for behavioral maladjustment. *Psychoneuroendocrinology, 33*, 916–925.

Perren, S., & Alsaker, F. D. (2006). Social behavior and peer relationships of victims, bully-victims, and bullies in kindergarten. *Journal of Child Psychology and Psychiatry, 47*, 45–57.

Piaget, J. (1959). *The language and thought of the child.* London, England: Routlege & Kegan Paul.

Pianta, R. C. (1999). *Enhancing relationships between children and teachers.* Washington, DC: American Psychological Association.

Rapee, R. M. (2013). The preventative effects of a brief, early intervention for preschool-aged children at risk for internalising: Follow-up into middle adolescence. *Journal of Child Psychology and Psychiatry, 54,* 780–788.

Rapee, R. M., Kennedy, S., Ingram, M., Edwards, S., & Sweeney, L. (2005). Prevention and early intervention of anxiety disorders in inhibited preschool children. *Journal of Consulting and Clinical Psychology, 73,* 488–497.

Reznick, J. S., Gibbons, J., Johnson, M., & McDonough, P. (1989). Behavioral inhibition in a normative sample. In J. S. Reznick (Ed.), *Perspective on behavioral inhibition* (pp. 25–49). Chicago: University of Chicago Press.

Richards, E. L. (1921). The elementary school and the individual child. *Mental Hygiene, 5,* 707–723.

Rimm-Kaufman, S. E., & Kagan, J. (2005). Infant predictors of kindergarten behavior: Contributions of inhibited and uninhibited temperament types. *Behavioral Disorders, 30,* 331–347.

Robins, L. N. (1966). *Deviant children grown up.* Baltimore, MD: Williams & Wilkins.

Rodgers, A., & Dunsmuir, S. (2015). A controlled evaluation of the "FRIENDS for Life" emotional resiliency programme on overall anxiety levels, anxiety subtype levels and school adjustment. *Child and Adolescent Mental Health, 20,* 13–19.

Rosenberg, A., & Kagan, J. (1987). Iris pigmentation and behavioral inhibition. *Developmental Psychobiology, 20,* 377–392.

Rosenberg, A., & Kagan, J. (1989). Physical and physiological correlates of behavioral inhibition. *Developmental Psychobiology, 22,* 753–770.

Rousseau, J. J. (1984). *A discourse on inequality* (M. Cranston, trans.). London, England: Penguin. (Original work published 1755)

Rubin, D. H, Althoff, R. R., Ehli, E. A., Davies, G. E., Rettew, D. C., Crehan, E. T., Walkup, J. T., & Hudziak, J. J. (2013). Candidate gene associations with withdrawn behavior. *Journal of Child Psychology and Psychiatry, 54,* 1337–1345.

Rubin, K. H., & Both, L. (1989). Iris pigmentation and sociability in childhood: A reexamination. *Developmental Psychobiology, 22,* 1–9.

Rubin, K. H., Nelson, L. J., Hastings, P. D., & Asendorpf, J. (1999). The transaction between parents' perceptions of their children's shyness and their parenting styles. *International Journal of Behavioral Development, 23,* 937–958.

Rubin, K. H., Wojslawowicz, J. C., Rose-Krasnor, L., Booth-LaForce, C., & Burgess, K. B. (2006). The best friendships of shy/withdrawn children: Prevalence, stability, and relationship quality. *Journal of Abnormal Child Psychology, 34,* 143–157.

Rudasill, K. M. (2011). Child temperament, teacher-child interactions, and teacher-child relationship: A longitudinal investigation from first to third grade. *Early Childhood Research Quarterly, 26,* 147–156.

Rudasill, K. M., & Konold, T. R. (2008). Contributions of children's temperament to teachers' judgments of social competence from kindergarten through second grade. *Early Education and Development, 19,* 643–666.

Rudasill, K. M., & Rimm-Kaufman, S. E. (2009). Teacher-child relationship quality: The roles of child temperament and teacher-child interactions. *Early Childhood Research Quarterly, 24,* 107–120.

Rudasill, K. M., Rimm-Kaufman, S. E., Justice, L. M., & Pence, K. (2006). Temperament and language skills as predictors of teacher-child relationship quality in preschool. *Early Education and Development, 17,* 271–291.

Schmidt, L. A., Fox, N. A., Rubin, K. H., Sternberg, E., Gold, P. W., Smith, C. C., et al. (1997). Behavioral and neuroendocrine responses in shy children. *Developmental Psychobiology, 30,* 127–140.

Shortt, A. L., Barrett, P. M., & Fox, T. L. (2001). Evaluating the FRIENDS program: A cognitive-behavioral group treatment for anxious children and their parents. *Journal of Clinical Child Psychology, 30,* 525–535.

Simpson, J. A., & Weiner, E. S. C. (1989). *The Oxford English dictionary* (2nd Ed., Vol. XV). Oxford, England: Clarendon Press.

Smith, A. K., Rhee, S. H., Corley, R. P., Friedman, N. P., Hewitt, J. K., & Robinson, J. L. (2012). The magnitude of genetic and environmental influences on parental and observational measures of behavioral inhibition and shyness in toddlerhood. *Behavioral Genetics, 42,* 764–777.

Spangler Avant, T. L., Gazelle, H., & Faldowski, R. (2011). Classroom emotional climate as a moderator of anxious solitary children's longitudinal risk for peer exclusion: A child × environment model. *Developmental Psychology, 47,* 1711–1727.

Spooner, A. L., Evans, M. A., & Santos, R. (2005). Hidden shyness in children: Discrepancies between self-perceptions and the perceptions of parents and teachers. *Merrill-Palmer Quarterly, 51,* 437–466.

Sullivan, H. S. (1953). *The interpersonal theory of psychiatry.* New York, NY: Norton.

Suomi, S. J. (1991). Uptight and laid-back monkeys: Individual differences in the response to social challenges. In S. J., Suomi, S. E. Brauth, W. S. Hall, & R. J. Dooling (Eds.), *Plasticity of development* (pp. 27–56). Cambridge, MA: The MIT Press.

Swenson, S. (2015). *Teachers' perceptions of their interactions with shy preschool children: A phenomenological study.* Manuscript submitted for publication.

Thomas, A., & Chess, S. (1977). *Temperament and development.* New York, NY: Brunner/Mazel.

Wentzel, K. R. (2002). Are effective teachers like good parents? Teaching styles and student adjustment in early adolescence. *Child Development, 73,* 287–301.

White, L. K., McDermott, J. M., Degnan, K. A., Henderson, H. A., & Fox, N. A. (2011). Behavioral inhibition and anxiety: The moderating roles of inhibitory control and attention shifting. *Journal of Abnormal Child Psychology, 39,* 735–747.

Wickman, E. K. (1928). *Children's behavior and teachers' attitudes.* New York, NY: Commonwealth Fund Publications.

World Health Organization Report on Prevention of Mental Disorders. (2004). *Effective interventions and policy options summary report.* Department of Mental Health and Substance Abuse in collaboration with the Prevention Research Centre of the Universities of Nijmegen and Maastricht.

图书在版编目(CIP)数据

学校里的害羞孩子：给教育者的指南 /（加）罗伯特·J.科普兰，(美）凯瑟琳·莫里茨·鲁迪西尔著；傅锐，李丹译. —上海：上海教育出版社，2020.5
（教师成长必读系列）
ISBN 978-7-5444-9890-6

Ⅰ. ①学… Ⅱ. ①罗… ②凯… ③傅… ④李… Ⅲ. ①中小学生—内倾性格—教育心理学 Ⅳ. ①G444

中国版本图书馆 CIP 数据核字(2020)第 065517 号

责任编辑　廖承琳
封面模特　傅予容
封面摄影　廖承琳
封面设计　郑　艺

教师成长必读系列
学校里的害羞孩子：给教育者的指南
[加] 罗伯特·J.科普兰
[美] 凯瑟琳·莫里茨·鲁迪西尔　著
傅　锐　李　丹　译

出版发行　上海教育出版社有限公司
官　　网　www.seph.com.cn
地　　址　上海永福路 123 号
邮　　编　200031
印　　刷　上海展强印刷有限公司
开　　本　965×640　1/16　印张 10.25　插页 1
字　　数　115 千字
版　　次　2020 年 5 月第 1 版
印　　次　2020 年 5 月第 1 次印刷
书　　号　ISBN 978-7-5444-9890-6/G·8153
定　　价　39.00 元

如发现质量问题，读者可向本社调换　　电话：021－64377165